给孩子的幸福力 3

付广娟
王晨宇 著
王宏伟

电子工业出版社
Publishing House of Electronics Industry
北京·BEIJING

未经许可，不得以任何方式复制或抄袭本书之部分或全部内容。
版权所有，侵权必究。

图书在版编目(CIP)数据

给孩子的幸福力. 3 / 付广娟, 王晨宇, 王宏伟著.
—北京：电子工业出版社，2019.9
ISBN 978-7-121-37029-8

Ⅰ. ①给… Ⅱ. ①付… ②王… ③王… Ⅲ. ①家庭教育 Ⅳ. ①G78

中国版本图书馆CIP数据核字（2019）第133434号

责任编辑：潘　炜
印　　刷：三河市双峰印刷装订有限公司
装　　订：三河市双峰印刷装订有限公司
出版发行：电子工业出版社
　　　　　北京市海淀区万寿路173信箱　邮编：100036
开　　本：720×1000　1/16　印张：12.25　字数：240千字
版　　次：2019年9月第1版
印　　次：2019年9月第1次印刷
定　　价：49.00元

凡所购买电子工业出版社图书有缺损问题，请向购买书店调换。若书店售缺，请与本社发行部联系，联系及邮购电话：（010）88254888，88258888。

质量投诉请发邮件至zlts@phei.com.cn，盗版侵权举报请发邮件至dbqq@phei.com.cn。

本书咨询联系方式：（010）88254308，influence@phei.com.cn，微信号：yingxianglibook。

目录 Contents

前　言 / 1
自　序 1　我的教育理念是伴生教育 / 3
自　序 2　梦想在高中绽放 / 6

第1章　幸福教育的智慧

（一）不按常规出牌的孩子 / 10

（二）丰富多彩的高中生活 / 12
1.初为人师 / 12
2.爱国情怀 / 13
3.疯狂运动 / 14
4.爱满家园 / 15
5.追星无罪 / 16
6.拼搏梦想 / 17
7.爱我音乐 / 18
8.成熟中立 / 19
9.合理申诉 / 19
10.共同进步 / 20
11.懂得感恩 / 21

（三）与众不同的父母 / 22
1.几乎没送过饭 / 22
2.没因为孩子上学租过房 / 23

3.一直在接送孩子上下学 / 23

4.关注孩子的精神成长 / 25

5.说请就请的假 / 25

6.教育原则：先做一个好人，然后再做学问 / 26

7.家庭教育的大智慧与小智慧 / 28

第2章 当幸福照进现实

（一）父母要做到"五要五不要" / 32

1.要创造良好的学习环境 / 32

2.要理解孩子的难处 / 33

3.要充当孩子的助力 / 34

4.要成为孩子的朋友 / 35

5.要做孩子的榜样 / 36

（二）高中三年——晨宇带你去学习 / 42

1.中考后的暑假要不要提前上课？ / 42

2.暑假上什么课？ / 42

3.暑假上课应该注意什么？ / 43

4.暑假除了上课还应该做些什么？ / 43

5.高一上学期 / 44

6.高一的寒假 / 46

7.高一下学期 / 47

8.高一的暑假 / 49

9.高二上学期 / 50

10. 高二的寒假 / 52

11. 高二下学期 / 53

12. 高二的暑假 / 54

13. 高三上学期 / 56

14. 高三的寒假 / 57

15. 高三下学期 / 58

16. 高考前的最后准备 / 60

17. 高考啦 / 61

18. 写在后面的话 / 61

第3章 清华学子是如何幸福炼成的

（一）过渡时期的思考与坚持 / 64

1. 为儿子，要坚持 / 64

2. 每一份经历都让我心动 / 65

3. 放不下 / 66

4. 长大 / 66

5. 围城 / 66

6. 儿子与钱 / 67

7. 幸福满满 / 68

8. 儿子的小想法 / 69

9. 疲惫 / 70

10. 和儿子小谈人生 / 71

11. 让我刻骨铭心的对话 / 72

12. 青春迷茫 / 75

13. 这个周末我喜欢 / 76

14. 忙，等于不负责任 / 77

15. 学习的独立 / 77

16. 高中第一次考试 / 79

17. 最贴心的组长 / 80

18. 陪伴 / 81

19. 儿子就是战士 / 82

20. 执着？变通？/ 83

21. 给儿子的一封信（归因）/ 84

22. 和儿子的战斗刚刚开始 / 85

23. 坚持 / 86

24. 交流 / 87

25. 成长中的痛 / 87

26. 儿子的心 / 88

27. 儿子的小幸福 / 89

28. 可怜的小憩 / 90

29. 活着为了什么 / 91

（二）平稳阶段的彷徨与执着 / 93

1. 心疼 / 93

2. 成长中的儿子 / 94

3. 盘点 / 94

4. 进与退 / 95

5. 认真做事 / 96

6. 关于作业 / 98

7.软弱与坚强 / 99

8.寂静的夜 / 101

9.一次难得的经历 / 101

10.总得有这样一段经历 / 103

11.儿子，妈妈错了 / 104

12.疯狂足球 / 106

13.不知道 / 107

14.偶像包袱 / 108

15.艰难的选择 / 110

16.见证成长 / 110

17.儿子的理念 / 111

18.写给16岁儿子的贺卡 / 112

19.孩子大了 / 113

20.细节教育更见成效 / 115

21.放纵也是一种教育 / 117

22.儿子的小心思 / 118

23.第一次点餐 / 119

24.认真与坚持 / 120

25.儿子在意的 / 121

26.叩问幸福 / 123

27.困惑 / 124

28.放手是一份坦然 / 126

29.心灵成长 / 127

30.那一通电话 / 128

31. 溺爱害人，可我还在继续 / 129

32. 没有不正常的孩子 / 129

33. 触及心灵 / 130

34. 偶遇 / 131

35. 男人的方式 / 132

36. 儿子的窘境 / 133

37. 怎么教育的 / 134

38. 只是瞬间 / 135

39. 大大的儿子，小小的我 / 135

40. 迟来的青春期 / 136

41. 这个周末 / 137

42. 成长 / 138

43. 经典对话（一）/ 141

44. 经典对话（二）/ 143

45. 变化 / 144

46. 有些我们真的不理解 / 145

47. 如果以前不那么优秀…… / 146

48. 那天，我们谈着《太阳的后裔》/ 147

49. 儿子的时间管理 / 149

50. 开心在每天 / 150

51. 一份深深的歉意 / 151

52. 送给17岁的宝贝 / 153

53. 17岁的儿童节 / 153

（三）冲刺阶段的呐喊与爆发 / 155

1. 我也谈谈自己对学习的认识 / 155

2. 这一年，我要记得（一） / 156

3. 这一年，我要记得（二） / 158

4. 宝贝高三战记（1） / 159

5. 宝贝高三战记（2） / 159

6. 写给奋战在高考战线上的儿子 / 161

7. 在距离高考190天 / 162

8. 儿子长大了 / 163

9. 写在儿子距离高考150天 / 164

10. 故事里的事儿 / 165

11. 儿子的变化让我无从下手 / 165

12. 写在儿子距离高考100天 / 166

13. 写在儿子距离高考90天 / 167

14. 写给18岁的儿子，46岁的自己 / 168

15. 迎接高考 / 171

第4章 父亲给孩子的幸福力

（一）来自父亲的幸福力 / 174

1. 换位 / 174

2. 理解 / 175

3. 平等 / 176

4. 自由 / 177

5. 引领 / 178

（二）父亲的教育原则 / 180
1. 高位的教育 / 180
2. 我们一直在幸福的路上…… / 181

幸福后记 / 183
有一种爱渐行渐远、历久弥香 / 183

前言

儿子考上清华，是一种偶然，也是一种必然。

相比其他考上清华的孩子，儿子可能更放松一些，从来没有学到不眠不休的时候。儿子的高三生活不只是学习，还有诗和远方。在这种状态下考上了清华，相对是轻松的，但儿子也确实付出了很多辛苦与努力。

清华是每个莘莘学子的梦想，是中国最高学府之一。以前没有太多的感觉，当儿子考上清华，所有的亲戚都赶来祝贺时，我还处于不清不楚的状态。家人告诉了我，为什么他们会来祝贺我们。虽然考上大学是常态，但是考上清华就等于中了状元，这么大的事应该大庆才对啊！同事也一个劲地张罗吃饭，说我太抠，高兴的事儿大家就应该一起庆祝一下，这是人之常情。

这时我才意识到，原来儿子所考的学校确实和别人不一样，原来690分是这样一个概念。而且，儿子这个成绩在吉林省都排在前边，着实是不容易，特别是儿子并没有两耳不闻窗外事，始终是一个用大脑学习的人。

会学习的人分很多种，有人是刻苦的，有人是半学半玩的，有人是用大脑学习的，有人是用手学习的，总之每个孩子都不一样。我觉得像儿子这样学习的人是最有潜力的。

这几天，一直有人说，你家孩子天生有这个潜质，你摊上了一个好孩子。我倒不这么看，一个孩子的成功与太多因素有关。同样都是考上清华的孩子，但有些孩子是靠起早贪黑学习考上去的，有些孩子真的是智商够用，但像儿子这样的孩子，我倒是觉得真的很少见，智商与情商等同。在孩子的成长过程中，家庭教育更是至关重要，家长的引领是孩子健康成长的关键。

为什么很多孩子会走弯路？因为他们看不到远方，而父母是从远方走过的，所以我们应该给予孩子及时的引领。

这3年，他没有迷失自我，做着自己喜欢做的事。懂人情，但他和别的成熟的孩子又不一样。很多孩子是早熟，他们可以通过各种渠道接触社会，我还是不希望从18岁孩子的眼中看到太多的经历和太多成熟的概念。我总觉得18岁就应该有18岁的状态，有18岁的心情，有18岁应该做的事。看到太多的沧桑出现在很多孩子的脸上，我内心真的为教育感到悲哀。

让我们祝福孩子，通过自己的努力，去收获成功，享受自己应有的快乐与单纯！

自序1

我的教育理念是伴生教育

伴生教育不是简单的陪伴。陪伴有有效陪伴和无效陪伴之分，有大量的家长其实是无效陪伴。伴生教育则是要对孩子进行有效陪伴。"伴"是陪伴，"生"有四个方面的含义：生命、生活、生长和终生。我们除了对孩子有"养"的责任，还有"育"的责任。家庭教育应该是这样一以贯之的。

首先是对生命的认知。很多人缺少对生命的认知与体验。缺少了生命的教育，各种不好现象就会出现。每年全国发生的青少年自杀案例触目惊心，这显现了青少年群体对生命的漠视。应该让家长明白生命的可贵，应该让家长对孩子进行生命的教育，从而产生对生命的敬畏，珍爱生命。

珍爱生命的教育是从孩子出生开始的，并贯穿成长的始终。不用刻意，只要我们在生活中学会引领：春天的小草，那是在冬天的大地之后第一个带来春的气息的生命，它破土而出，蓬勃向上；墙缝里长出的植物，那是不屈的象征；小孩子水枪下挣扎的小蚂蚁，那是生命的顽强。

当我们来到自然中，倾听大自然里各种生物的声音时，我们要告诉孩子：这是生命。有了生命，生活才会有意义。

其次是对生活的体验。在有关孩子的事务中，家长总想包办代替。对于孩子而言，平时除了学习，就是使用各种电子产品，生活的五味杂陈他们没有机会去体会。家长应该让孩子过正常人的生活，让孩子对生活有所感悟，这样他们才能学会生活。

我们不能替代孩子去生活。当今社会，太多的家长让孩子变成了学习的机器，他们逼迫孩子把所有精力用于学习好考上理想的大学，但他们忽略了一个问题：孩子有生活吗？孩子会生活吗？如果大家读过"天才妈妈的忏悔录"，就会发现，学习好不代表一切，没有生活能力注定要被社会所淘汰。

曾在图书馆见过一对母女，她们很有恒心，每天都会早早地来到图书馆。妈妈用手机看电视剧，孩子在家长监管下写作业题。这是一名高中生，我估计她学习成绩并不好，因为孩子只是在假装学习，明显是在做给妈妈看。妈妈包办了一切，一会儿送水果，一会儿送饼干，一会儿披衣服，和孩子的学习态度对比这份爱变得好辛酸、好廉价。而孩子在这个场景中就是个单纯的学习机器。我觉得，当孩子变成了一种特定意义的机器的时候，他就失去了生活，他也就失去了生存的意义。

第三是对生长的感悟。每一个孩子出生时都是一颗优秀的种子，但我们习惯于为他们遮风挡雨。我们不想让他们重蹈我们的覆辙，我们希望他们生活得更好，不用经历我们所经历的任何磨难。但没经历过风雨，怎么能见到彩虹？没有经过风吹雨打，怎么可能长成参天大树？

生长总是要经历痛。作为父母总是不希望孩子经历成长过程的痛，想代办一切可以代办的，甚至不能代办的。我们不想让孩子吃得不好、穿得不好，我们不想让孩子吃任何的苦。所以，有人说有一种苦叫"父母觉得苦"。我们把孩子放在温室花盆照顾，但那颗种子明明是可以在室外长成参天大树的啊！

经历生长的痛，才能让花开得更灿烂，才能让树长得更茂盛！

第四是对终生的诠释。陪伴是终生的，即使有一天我们老了，我们也依然参与着孩子的成长。我们用自己一生的积累去成就我们的孩子。站在巨人肩膀上，人会成长得更快。我们不是巨人，但我们曾经在这个世界上走过，可以把我们一生的体会留给子女。

教育是一辈子的事情。活到老，引领孩子的人生到老，这才是智慧的家长，这才是陪伴啊！

我们应该用最长情的陪伴，为孩子们创造最幸福的环境。在好的环境中挖掘孩子的潜在智商，培养孩子的高情商，让孩子生活得健康、阳光、和谐，让孩子自己成就优秀，享受优秀，让孩子去发现和寻求最佳的自我！这就是幸福从家风入手，让孩子的思想得到潜移默化的影响；从家教入手，让孩子的行动得到提纲挈领的引领；从家庭入手，让孩子的立身处事得到升华。这可能就是成功的人生吧？这也就是成功的家庭教育了吧？

自序2

梦想在高中绽放

水木清华，钟灵毓秀。

看到录取通知和拿到通知书是完全不同的两种心情。

当我拿着录取通知书走出学校的时候，真的险些泪崩，再看到通知书右上角的字，直接就红了眼眶。

12年，我终于等到了你，你可真是美丽。

还记得当年的稚嫩小脸，对着爸妈歪着脖子说，我长大了要考清华！

还记得曾经手机锁屏上写的"别忘了你的清华梦"。

还记得高中3年，骄傲过，失措过，茫然过，颓废过，迷失过，也曾一度坚持不住。

不知道我考到100名开外的时候，有多少人对我的清华梦嗤之以鼻。

但她，是我的梦啊。

为了她，我义无反顾。奔向清华，我不愿回头。

"清华，是你一生的骄傲"，扎心了，而且扎得我很想哭。

每一个清华学子都应该为自己骄傲。

我也为自己骄傲。

致曾经那么努力的自己——

这是梦的终点，也是新征程的起点。

我将继续义无反顾地走下去。

2017年7月26日

这是儿子收到录取通知书时发的"说说"。

2017年7月26日上午10点，我和儿子到学校取录取通知书。无法形容那是一种什么样的心情，我知道，他等这个通知书等得太久了。12年，多么漫长的12年！

儿子出来了，脚步中感受不到那份特别的轻松。

"妈妈，看到通知书和知道自己被录取了，感觉太不一样。我差一点哭出来。"

"没哭吗？"

"还好。"儿子出奇地安静，自己静静地打开了通知书，一个字一个字读出来。我在开车，他告诉我每一页上的内容，他解读着每一件事，他和我说着上面的每一个字……

看到儿子那张无论怎么长都是孩子一样的脸，我很心疼。儿子的心性依然是个孩子。我不想让儿子在不应该成熟的年龄成熟，我一直主张顺其自然，拔苗助长的事儿我向来都不去做，无论是在学习上，还是在生活上。但这样一定是有利有弊的，毕竟有的孩子是很早了解社会的，他们会以成年人的方式生活，而儿子还是小孩子心性，所以难免有些时候会在为人处事上吃些亏。这些我也认了，毕竟每个人在长大的过程中都要经历一些事情，否则是长不大的。

看着儿子郑重其事地阅读通知书的样子，我知道，这一刻儿子要长大了。有些话、有些事可能还是要提前和儿子说说了，毕竟大学和高中是不一样的，大学就像个小社会。我不能让孩子摔得太疼，有些时候，太疼了，可能就爬不起来了。

高中是每个孩子成长的重要转折点，如果家长能提供充满智慧与幸福的陪伴，孩子就会收获不一样的人生。

第1章

幸福教育的智慧

（一）不按常规出牌的孩子

"我不想当官，我不想上北大。"

当今社会，不想当官的孩子还是不多的，他们都知道权力的重要性，他们在"拼爹妈"的时候就意识到了，可儿子不这样。儿子似乎应了一句话：想当官就不能发财，想发财就不能当官！儿子想创业，喜欢做自己的主人！

我与儿子从小就一起努力，想共同打造一个优秀的人生，至于应该上哪所学校，我不知道，这得儿子做主。所以我会问他："如果北大和清华让你选，你想去哪所学校呢？"

"我还是想上清华。"

"为什么？"

"我不喜欢人与人之间复杂的关系，我更不喜欢做那些没有意义的事情，每天都在思考怎么说话，怎么做事，多累啊！我想做点自己喜欢做的事，成为自己人生的主人，至少我的时间是自由的。我可以为了自己的目标而努力，我可以做自己的CEO，我可以挣自己的钱，当财富达到一定程度的时候，我就像你一样，回馈社会，做点公益。"

说实话，此时我的眼泪就在眼眶里，我没有白做自己的事业，没有白做现在的公益，我对孩子的影响是潜移默化的。他能够想到国家，想到社会，想到别人，我真的就满足了。

当一个人的人生站位不再是自己这个小我的时候，我觉得教育就算成功了。我一直主张，考虑问题应该站在大我的角度，没有国家，没有民族，哪里来的小家？哪里来的自己的人生？这是我教育学生与儿子的底线，社会和国家都需要这样的人，我们缺少的恰恰也是这样的人。

作为一名一线教育工作者，如果能让自己的孩子有这么高的站位，我也就满足了。我也不失为一名教育工作者，特别是别人赋予我的"家庭教育专家"的称号。

"为什么不喜欢北大？"

"我觉得自己没有那种天分，上北大可能还是不太适应。如果让我选，我还是选清华，因为我的梦一直在清华。"

从那一天起，我知道清华在儿子心中，也在我们全家的心中。

一个人，一生梦。

这是我们全家的梦想，如今梦想照进了现实。

轻松吗？也不轻松！

生活没有如果，只有结果！

（二）丰富多彩的高中生活

1. 初为人师

2015年3月21日至22日，儿子去参加长春市吉大附中实验学校组织的"学习经验交流活动"，在永吉四中为高一的学生授课，题目为《成语专题》。

为了这几节课，儿子做了最为充分的准备。儿子是一个一丝不苟的人，他不会随便应付。为什么会选这节课？他告诉我，因为有妈妈的直接指导，能让学生掌握更多的知识，收获更多的东西。儿子告诉我，既然讲课，就应该讲出老师的样子。儿子的课是我和他一起准备的，他提出了很多问题，我们都共同解决了。儿子还预设了很多可能出现的情况，我们共同商讨了一些办法。

为了讲好这节课，我们准备了西服、皮鞋。说实话，男孩子有个头想不帅都很难。我又自己做了点小点心作为礼物带给了儿子借宿的家庭。

儿子讲课回来后，表情很凝重。他收获的不但是这节课，还和我分享了他所有的感受。

那些孩子的水平很低，他们是真的有些可怜，因为他们很难接受到最好的教育，这让儿子觉得自己更应该好好地学习了。毕竟自己有着这样的学习环境，有着这么多优秀的老师，没有理由不好好学。看看农村的那些孩子，再看看他们的老师，他明白自己的学习机会太值得珍惜了。

其实，当一个人可以通过别人，或者一件事来反思自己的时候，他就是在成长，就是在长大。儿子一直在努力地长大！

最主要的是儿子回来第一件事就告诉我："当时我就像是被你附体了一样。"

"什么意思？"

原来儿子借住的那个家庭的孩子不好好学习，父母都是本分人，可孩子就是痴迷于游戏。儿子和这个小男孩在这几天里进行了多次的深度交流。

儿子说："妈妈，此时，我才知道我有你这个妈妈是多么幸运！我把你平时和我说的，我能想到的，全都和他说了。他答应以后一定会好好学习，不再痴迷于游戏了。我可能没有办法彻底改变什么，但我总觉得他的人生从此会不一样的。他可能不会特别好，但至少他会思考他的人生、他的未来了。"

我真不知道自己对儿子有这么大的影响，每次交流的时候，他似乎都不太经意，但我的话都记在他的心里了。

看着儿子那么严肃的面孔，我知道，这次的授课给儿子带来了很大的触动。他明白了自己的价值，他看到了自己的优秀，他也看到了自己努力的方向，他更看到了妈妈在做什么，看到了不同的妈妈带给孩子的影响可以有多大的区别。儿子回来的时候，满脸的复杂：妈妈懂教育真好，不但可以教育我，我还可以用来帮助别人！这就是我的孩子，一个在6岁的时候就会说：帮助别人，快乐自己！这就是我最可爱的小孩儿！

每每感受到儿子可以把爱放之四海的时候，我都知道我心目中理想的教育实现了。我从来没有想用孩子考到哪所学校来衡量教育是否成功，我更多地想真正为社会培养出"大我"的人才，能够真正站在别人、站在社会、站在民族的角度成长起来的人才，这是我认为的人才，这才是我认为的成功，而儿子的表现让我实现了自己的教育梦想！

2. 爱国情怀

有人说，吉大附中的孩子缺少点东西，他们接受的是应试教育。

可我们现在很多学校提倡的素质教育又是怎样的呢？我们改变了什么吗？孩子连成绩都没有！

我感触最深的是吉大附中师生的爱国情怀、爱校情怀！

刚刚参加过毕业生表彰大会，我真的被这个集体震撼到了。那是一个无法撼动的集体，那是一个拆不散的集体。在每一名教师的身上，我都能够感受到他们对这所学校的热爱，他们会不计报酬地为学生补每一节课，只怕漏下一个知识点，而且没有任何的怨言；他们站出来，就是一群战士，我看到的是一批有责任心、有目标、有斗志的老师；你在每一名学生身上，都能够感受到他们对学校的热爱，他们努力拼搏，他们为学校的荣誉而战，他们用汗水与泪水为母校赢得荣光！没有什么能比得上他们优秀的母校，没有人能撼动母校在他们心中的地位。

吉大附中有着最为传统的红歌大合唱活动，可以展现学生们的激情与斗志。2016年4月29日，为了参加纪念"五四运动"97周年大合唱，他们连续练了一个多星期。每天孩子们都会把嗓子唱哑，但他们还会坚持。他们感动于红歌的精神，更想为班级赢得荣誉。在红歌比赛中，他们体会到的不仅仅是集体的力量，更主要的是当年老一辈人的革命精神。

舞台装扮让很多男生不太适应，但他们还是欣然接受，走上了舞台。儿子一直想当领唱，可班级还有其他想领唱的同学，也唱得很好，尽管儿子有这个想法，他们也知道儿子唱得挺好的，但最终还是别的同学担任了领唱。不过儿子知道，老师的安排一定有他们的考虑，在儿子心目中，班级的荣誉最重要。

在台上，"弘扬五四精神，担当家国责任"，这两句熠熠发光的话在特效中不断闪烁。孩子们在大合唱中铿锵的誓言，会让你感受到家国在心里，男儿志在四方。

每每看到，每每想到，我都会为祖国倍感骄傲！这是一群优秀的学子，他们有知识，他们有能力，他们更有一份爱国的情怀！当他们成长起来的时候，当他们能够为国效力的时候，他们就是这个国家的栋梁！一个班级有24人考上了清华北大，这是怎样的一个团队？这是怎样的一批人才？

壮志在胸怀，胸怀天下，心系祖国！

3. 疯狂运动

上高中后，足球就成了儿子疯狂追逐的运动。他会学习足球的知识，他会在家里练习颠球，他会从电脑里找到最好的足球教学录像或足球比赛实况，认真地看，仔细地琢磨。

他从简单的足球鞋到现在将近10双的各类足球鞋，发展速度可想而知，喜欢程度也可想而知。

学校运动会一直是儿子圆足球梦的地方。他们组建了足球队，想在运动会时一展风采，与老师们较量，拼出个输赢，不为别的，只为一场自己觉得特别有意义的足球赛。

儿子组织同学们一起定制球衣、印制号码，一起训练，就为了那一场足球赛的展示。他还调动了自己的老爸帮忙采购。总之，儿子其实在骨子里有一点和我一样，总想把事情做得完美，不想让自己的人生闲置，但实际上这样会很累的。

这是一个很有战斗力的集体。学校足球队的孩子们大多都在他们班，他们喜欢玩，喜欢这种放松的方式。这也是我喜欢的男孩子的运动，男孩子只有在竞技中，才能想到拼搏，才能想到自己的位置，他们才能拼尽全力，因为他喜欢，因为有对手。每次接儿子的时候，你都会发现，他哪天进球了，就会特别开心。因为当儿子每次进一个球的时候，那是他的成就，那是他的辉煌。他最爱与我分享的就是他们踢足球的那些事，还有他们进球的每一个瞬间。

我喜欢儿子这样运动，一个没有运动的人等于没有生活；一个没有参与竞技体育的男人，等于没有太多的男人气概。

冬日的足球场上，寒风吹洒着雪花，他们在雪地上踢着足球。这是儿子第一次参加这种正规的比赛。地上很滑,这里有很多运气成分在里边。每个人都很尽力,每个人都配合得很默契。结果不重要,重要的是他体会到了人生就是竞技场,人生需要更多的拼搏。

男人就要这样。竞争、拼搏是永恒的主题,也是每个男人心中的梦想!

儿子喜欢清华还有一个重要的原因,就是喜欢清华的足球场、清华的足球队,那是他一生的梦。我从不干涉,只有支持,只要你喜欢,就去努力,只要我们的大方向没错,我们就可以纵情地生活!当然,足球带给孩子的还可能是成长过程中的一种野性,可以让人真正地认识自我,感知自我的存在。

4. 爱满家园

我对儿子的教育一直是被大家认可的。毕竟儿子的学习还不错,性格也还可以,阳光、开朗、喜欢运动、有自己的人生规划,似乎没有太多缺点。儿子喜欢说笑,他的脸上总会挂着一份调皮的微笑。

我是学中文的,从小就很喜欢写作,当作家一直是我的梦想。高中的时候,我会写很多青涩的小说,因为年轻;工作之后,感情似乎平静了很多,没有什么波澜,反倒是把教育做到了一定的高度。我喜欢教育,我将班主任当到了极致,这自然也与家庭教育密不可分。

我在2014年写下了自己的第一部书《孩子,你幸福吗?》,这是一本关于家庭教育的书籍,这本书改变了我的生活轨迹。

我本来打算出书做点公益,可最后发现,需求量有些大,第一次印刷的书不够,又进行了第二次印刷。这些当然离不开我们一家三口的努力。

这本书是我们一家三口一起完成的,儿子是家庭教育最终的受益者,自然他的说法会让更多的家长反思,毕竟教育最终的落点是在孩子的身上。儿子在学习之余也会和我参加一些活动。

2015年10月25日,我们在吉林省长春市雪立方举办了读书交流会。

当了25年的老师,做了20年的班主任,我最喜欢的就是和家长交流。因为在他们的身上,可以感受到教育中的困惑与无奈,可以从中引发深度的思考,从而解决一些特别实际的问题。而解决一个问题,不单是影响一个孩子,而是影响一个家庭。

家庭教育是一个很新的领域,应该说社会与家长对家庭教育的认知还是很单薄的,同时对家庭教育方面的知识也知之甚少。而一个孩子的成长是需要多角度培养的,至少应该是通过家庭、学校和社会的合力。因为每个孩子都不是一个独立的个体。

儿子一直支持我的公益事业，他也会到现场，和家长、同学交流，探讨学习中的问题，探讨家庭中的问题，有问必答，毫无保留。高一的他，带着满脸的稚嫩，但我却看到他眼中满满的爱意，那是一份对他人的关爱。

每每想到儿子在现场的表现，我都会特别欣慰。一个16岁的孩子，却可以那么无私地与人分享，这就是我的成功。

在家里我们一直都是三人同行，三人一起在做着家庭教育。家里总会来一些咨询的孩子，有需要的时候，儿子也是要出面的。不管从哪个角度，只要能帮上这些孩子，儿子都会全力以赴。

可能很多家长和老师都会觉得我这样做是不负责任的，觉得我耽误了孩子的时间。但我感觉，儿子不但没有耽误时间，反而成长、成熟得更快了。他明白什么样的人生是有意义的，他明白生活应该是什么样的，他更知道自己应该做些什么。

高中3年，基本上都是他自己在努力学习，他懂自己，更懂父母，因为他心中有爱。

5. 追星无罪

邓紫棋的名字开始频繁出现在大陆的时候，是在《我是歌手》这档节目中。儿子开始喜欢上她就是她通过这个节目红了的时候。儿子喜欢她的歌，爱屋及乌，也喜欢她的人。

我总觉得追星是每个人对美好事物的追求，这是没有问题的，所以对于儿子的这一举动我是大力支持的。尽管好多人有异议：你还能不能有点儿正事了？但我觉得这并不会影响什么，反倒让我自己年轻了一把，也让我和儿子之间拥有了太多的共同语言，让我和儿子之间的友谊小船一直很牢靠。

为了邓紫棋这个名字，我们做了翻天覆地的两件大事：

第一次邓紫棋来长春是儿子中考的关键期，她来参加五洲国际皮草城开业助演活动。差60多天中考，我是帮儿子郑重其事请的假。因为这事，我还和班主任老师撒了谎，毕竟老师比我理智。但我还是领着儿子疯狂了一次，而且我觉得最后也没耽误什么，不过不知道儿子会怎么看？他一定会觉得我很没正事，但他也一定会觉得我很理解他，我很支持他，我是他生活中最温暖的港湾。

第二次，是邓紫棋第一次来长春开演唱会。我做的最大的事就是买了最贵的演唱会的票。对于我和爱人来说，两个来自农村的孩子，自己身上的衣服基本没有过千的，可一张演唱会的门票就是1200元。儿子还小，我一定得陪着，所以买了两张票，但实在没舍得再买一张这贵的票。

和儿子在现场,那是年轻人的舞台,那是年轻人的场子,但我感受到了自己从未有过的年轻。我知道,在这样的氛围里,才能体会到不一样的东西,难怪儿子非要到现场!难怪儿子想买这么近的票,效果确实不一样。

儿子会唱好多歌,每每与之一起哼唱,每每站在椅子上与之呼应,我都知道,这是一种生活,这是应该有的生活。没有人规定,高中的生活一定是单一的学习,也没有人规定不可以疯狂追星啊!

我们两个一起去看演唱会,一起去关注邓紫棋的微博,一起谈论相关的生活和有关她的一切,这也是一种生活,是年轻的表现。这为孩子的高中生活增添了很多的色彩。

6. 拼搏梦想

儿子一直是一个有梦想的人,他从未让自己盲目前行过。也许在高中的某一段时间里,他曾经迷茫过,但在很多关键的时候,他依然能够找到自己的方向。

儿子的高中几乎没有放过假,没有休息过。为了自己的梦想,他也是拼了。尽管我总是觉得儿子的高中生活和别人家孩子的不一样,但从他自己的角度来说,他尽力了,他永远都不会像其他的孩子那样拼命学习,否则他就不是他了。这就是有个性的儿子。

高中3年,除了在省图书馆学习,他有两次假期去了上海,还顺道去了长沙雅里中学。在那些人的眼中,他看到了自己的目标和方向,他们都太优秀了。他感受到每一个个体都走在拼搏的路上。

这两次出行让儿子成熟了许多,也让他的视野开阔了许多。现在回想起来,我当时的放手是正确的,支持孩子的所有参与也是正确的。儿子还在高中期间参加过其他学科的竞赛,尽管没有获得特别好的奖项,但也长见识了,和没参与过是完全不同的。

毕竟,在竞技场上,你会见到最强的对手,你会在他们身上发现自己的不足,你会看到自己前边有太多优秀的人,你会发现自己欠缺得还太多。儿子告诉我们,他在雅里中学,看到的每一个人,都是大神级的人物。

人总需要有机会来感受生活,体验生活。他经历了,说明这在他的心里产生了影响。这是一种来自内心的动力,因为你走心了,你经历了。难怪很多出色的人才人物,都曾出国留学,因为视野不同,站位也不同。

儿子拼搏过,努力过,最终也成功了!没有人不付出就能收获!

儿子是一个有自己生活的人,他有自己的计划,有自己的想法,知道什么时候应该做什么，也知道什么时候应该定什么样的目标，什么时候应该解决什么问题。

这可能就是规划可以带给人的好处吧？知道自己想要什么才能去努力啊！

7. 爱我音乐

儿子的梦想永远离不开音乐，他对音乐的热爱几乎达到了痴迷的程度。

我曾经和他探讨过一些关于音乐的问题。我从小也喜欢音乐，但唱歌总是跑调，儿子一直想让我学会唱歌，想让我心态更年轻些。我也问过儿子，你唱歌的调、那些词都是怎么记住的？

儿子告诉我，唱歌不是简单的模仿，听多了，里边的内容自然就记住了，但应该从更深层次上进行模仿，这样才能唱出自己的风格来。

怎么记住呢？一直听，一直听，就可以了。

我慢慢地观察儿子。他总会戴着耳机。我曾经和儿子谈过这个问题，能不能不戴耳机？儿子说，不能，因为人生不能离开音乐。但我真的怕这样会影响孩子的听力，毕竟每天戴的时间实在是太长了。

我曾经无数次地和儿子交流耳机对他听力的影响。他说：耳机的音量很小的，这也是他生活的一部分。他需要音乐，他喜欢音乐，这是没有办法改变的。

我当然知道，我更知道儿子会用音乐来调解自己的心情，这也是每个人自我调解的不同方式。

我是儿子的铁粉。儿子唱歌特别好听，有的模仿得特别逼真，有的唱得满含深情，有的完全是自己独特的风格。儿子的音色，不亚于自己喜欢的歌星。

每每与儿子去 KTV，只要儿子唱歌，我就会听得十分认真。我还喜欢儿子在"唱吧"里录的歌，他总会不断地录歌，去完善自我。在学习最紧张、不能用手机的时候，每到周末，他都会说："妈妈，我要录歌！"他会借我的手机去录歌。

连他们的化学老师都要让他改编歌曲呢！尚老师很喜欢唱歌，很有品位，他说儿子唱歌好听，有天分。他们喜欢《成都》，想改成《吉林》，改成《吉大》。可那个时候，正是高考的关键时期，儿子没有时间去做这件事。因为儿子只要想做，就一定要做到最好，那就需要花费很多的时间。那段日子，他实在是没有办法空出这么多的时间来改编，后来学校有其他同学改了，而且很好听。

他喜欢音乐，我曾经说过，只要儿子喜欢，我都支持。这就是事实，更何况儿子的歌唱得那么好呢？

这是一种本事，这也是一种与人交往的良好方式。

每个人都有自己独到的地方，而儿子拥有的都是自己特有的本领。我想他在未来的社会里，不会出现像其他的孩子那样，一旦有需要，什么都不会的现象。其实这种现象比比皆是，因为太多的家长只关注孩子的学习，他们从未考虑过孩子的生活。

其实，这是另一种有品质的生活。

8. 成熟中立

儿子小的时候，我们三口人总会在一起开玩笑。那个时候，只要我喊："儿子，快救救妈妈"！儿子就会马上跑过来，尽管他没有多大的力气，也会用小手去"收拾"爸爸。

孩子长大了！这就是我们见证的成长。

儿子是一个特别喜欢父母的孩子，他会一直腻在你的身边。儿子小的时候发生过的一件事让我觉得生活中什么都无所谓了。

那天，儿子跳到我们的床上后，问我："你们生气了？"我说："没有啊。""那就不对了。你看看你们两个，平时我想坐在你俩中间的时候，我是需要挤进去的，可今天，我都可以横着躺了，你们这不是生气了，是什么？"

听着儿子认真的分析，看到儿子稚嫩的小脸，我没有理由再生气，我没有任何理由不把自己的日子过好。有子如此，夫复何求？我们两个都笑了，从此之后，总觉得没有什么过不去的事。儿子就是我们之间的黏合剂，他总会在我俩之间粘来粘去。

不知道从哪天起，我说："儿子，你爸爸欺负妈妈！"当我满脸期待他能帮我在语言上折磨爸爸两句的时候，他却说："你们两个的事，我不参与，我中立！"

这可能就是长大的节奏，男孩子可能就应该是这样。

高中之后，我有很多时候还是放手了。以前不愿意让儿子自己出去，总觉得不安全，后来觉得总不能因噎废食，我们还要在这个社会生活。于是，我在告诉儿子注意安全的同时，也放手让他做自己的事情。

当看到儿子处理的很多问题之后，我就放心了。我知道，儿子是可以独立的，可以独立做很多事情。我意识到家长应该摆正位置，他需要我们，我们就义无反顾；他不需要，我们就默默支持，足矣！

高考后所有的奖学金都是他自己花出去的，这就是彻底独立的表现。

9. 合理申诉

家里的车买了快 10 年了，一汽大众的速腾，其实挺好的。我们一直开着

19

接送儿子，挺顺手的。可不知道从哪天起，大概是儿子高二吧？儿子的身高就超过了1.80米，坐在车里，头部总会顶着车顶，这种情况下，身子还是直不起来。

开始总看着儿子歪着睡觉，后来发现他是坐着不舒服，自然而然儿子就坐在了副驾驶上，但他还是觉得空间很小，因为他的腿长。

我和丈夫也觉得车用的时间有点长了，一起张罗着换车，可由于各种原因迟迟没有换成。

"你们两个是不是故意的呢？"那天儿子的头又顶在车顶上，很不舒服。

"出什么事了？"

"你们看看我的头，我得争取点权利了。你们总说换车，可一说这事儿，就说等高考完再说。你们两个是不是就想等我走了，自己享受啊？我都走了，你们还换大车干啥？难道不是因为我坐着顶脑袋吗？"

"哪有？我们两个就是太忙了。"

后来，儿子又抗议了一次。我们想一想也是，换大车是为了让儿子更舒服一些。想明白了，就算再紧张也得换。于是我们在儿子高考前的三个多月终于换了大车，儿子特别开心！这台途观是加长加大的。

有些时候，是我们总怕影响孩子学习，就不想改变什么，其实还是太过于小心了。我们真的应该和孩子多交流，了解孩子的真正需求，这才是发自内心地对孩子好。

换完车后，儿子的话题多了不少。因为儿子喜欢音乐，这台车的音响正好不错。儿子也舒服了许多，不用再低头坐车，也不用再蜷曲着腿，毕竟他1.80米的个子，在一个小轿车里是很不舒服的，特别是当前边的座椅再往后些时，他确实是很遭罪的。

儿子在这台大车里享受了三个多月，这就是男孩子。我喜欢儿子进行合理的申诉，我们会第一时间解决。

10. 共同进步

在省图书馆一起学习的日子，应该是我和儿子在一起最开心、最快乐的日子。

我们一起学习的日子是在每个假期。我在假期特别喜欢学习自己感兴趣的东西，尤其是研究家庭教育。而时间一长，我发现：家庭教育中很多问题属于心理学的范畴，所以在儿子上高二的那年，我报了心理咨询师的考试。每个周六与周日我都会背着书包和儿子一起出发，一起学习。高二的寒假，儿子由于学习竞赛需要去学校上学，我就每天送完儿子，自己去省图书馆排队。天很冷，但我在心理辅导班的课还没有听完，就已经完全靠自己的实力考取了二级心理咨询师。

后来，儿子不学竞赛之后，我们就开始了两个人的省图学习之路。我们两个几乎从来不睡懒觉，一直都坚持去省图排队。那是一段风雨无阻的日子，无论怎样恶劣的天气，我们两个都一定会到省图学习，甚至包括大年初一。

我深信，学习是让自己进步的最佳途径，也是最直接的途径，这笔财富是可以受用一生的。

我们每天都比别人少睡几个小时的觉，每天都要在风雪里排队。省图周围没有遮挡，排队的时候是真的很冷，但那段学习的日子是我们人生中特别美好、特别温暖的一段回忆。

我们一起分享学习后的喜悦，我们一起探讨一些热点话题，我们一起研究理综的问题……那是我们共同努力和进步的美好时光！

11. 懂得感恩

无论学习多么忙，儿子总是不会忘记自己的老师。在节日里，如果无法去看望老师，他就一定会给他们发祝福的短信。2015年9月14日，教师节后，他一定要去中海一实小，看望自己的小学班主任李莹老师，老师开心得不得了。懂得感恩，这是社会的需要。

还有一件更有意思的事情：儿子的初中语文老师是个年纪很大的老师。有一次吉大初中部在高中的牡丹园里开会，他看到了语文老师，聊天之余，发现老师还要自己走回去，他觉得：怎么能让一个老人家自己走回去呢？于是和一名同学把老师送了回去，导致耽误了很长时间，让我找了好久。因为那天本来说好了3点考完试就回家，可快6点了，他还没回来，最主要的是连个电话也没打。

后来，我告诉儿子，这件事情本身没有错，但无论如何应该给妈妈打个电话，说好回家时间，结果晚了很多，还一点消息都没有，换了谁都会着急的。儿子觉得很委屈，但我还是认真地和他分析了问题所在。

儿子是一个内心情感很丰富的孩子，他知道谁对他好，也明白自己应该做什么。他是一个懂得感恩、有情怀的孩子。

（三）与众不同的父母

儿子上高三的时候，有好多人问我，你是不是应该陪陪孩子？我一脸蒙圈，我一直在陪孩子啊！"可你那也叫陪吗？你根本就没有真正地陪在孩子的身边，你什么事都没放下，你的精力根本就没有扑在孩子身上啊！"我开始反思，是不是自己真的做错了呢？

于是，在儿子上高三之前，我和儿子之间有过这样的一次对话：

"儿子，上高三了，妈妈是不是应该陪陪你了？"

"陪我？为什么？这不是挺好的吗？你陪的也不少啊？你不是一直在我的身边吗？我需要你的时候自然就会告诉你，可我不需要的时候，你在我的身边也没有用啊？对吗？你应该做你的事，我应该做我的事，需要的时候，我们自然就会商量了。"

于是，我在儿子高三这一年的时间里，依然在做着自己喜欢的家庭教育事业，讲座依然还是几十场，我依然在为学校招生，甚至儿子的初中高中老师都觉得我有些过分。他们说得很委婉："你家大宝快高考了，你还招生啊？"我又蒙了，孩子是要高考了，可这与招生有关系吗？我在他们的眼中看到了不解，更从他们的眼神里看到了一个不负责任的家长，可我觉得我做了所有应该做的事情啊！

别的父母做的我都没做，而我做的似乎又都是别的父母没有做的，这很奇怪吗？我总觉得我们给孩子的应该是他们最需要的，他们不需要的给了也没有用，而很多父母给孩子的却不是孩子最渴求的，否则就不会出现当前这样的教育乱象。特别是太多的家长付出了很多，却没有收获，他们一直处在一种茫然的状态，这是不是我们作为家长的定位就是有问题的呢？

1. 几乎没送过饭

每个尽职尽责的家长可能都会每天坚持做饭和送饭，这一点是我作为家长来说特别愧疚的一件事，我连孩子的基本保障都没有做到。但从另外的角度来说，我觉得送饭这件事情不一定是家长做的，别人也可以代替。

我总说，其实家长做的是家长应该做的事情，有些事情是不可替代的，那是父母必须要做的。而有些事情是谁都可以做的，那就不一定要家长亲力亲为。

我几乎没有送过饭，在这里还是要感谢长春的这些外卖小哥们，他们救了我们全家。因为我和老公还有自己的学生，我们两个都是老师，不可能把所有的精力都放在自己的孩子身上，所以没有时间做物质上的准备，饭菜都归别人管。我们能做的就是看着手机上骑手的位置，看看他们是不是按时把饭给孩子送到了，这是我们唯一能做的。

儿子的早餐要依赖于爸爸，难得爸爸坚持了这么久。每天早上，牛奶是必备的，煎蛋或煮蛋也是必备的，外加牛排或烤肠，还有爱心三明治、手抓饼等。每天的早餐，儿子都会吃得很认真，爸爸是功臣。提到这事，还真得说一句，很多孩子是不喜欢吃早餐或者干脆对付，这是最错误的，因为孩子上午的学习用脑时间是很长的，早餐不到位会影响孩子的身体，同时也影响孩子的学习效率和记忆力，这是最大的损失。其实早餐是孩子一天中最重要的一顿饭，但很多家长却忽略了。这样的早餐，让儿子上高中一年中长了十几厘米，既长了身体，又有利于学习，所以吃早餐的习惯是很重要的。

2. 没因为孩子上学租过房

我尝试着租房子，吉大附中附近的房子是很火的，我也想过孩子的时间问题，每天在路上的耗时总共将近3个小时，真的很浪费。但我们还是不习惯于租房，终究没有找到合适的。

我们没有租过一次房，也不习惯于租房，况且家里一直都是三代人同住，需要租很大的房。可学校周围都是老房，旧得不能再旧，老得不能再老了，所以我们一直没有租房，这算不算自私？也是我们不太习惯于改变现在的生活模式，所以一直就没有租房。儿子在吉大上初中和高中，一共6年，每天都要早上5点20分起床，这么多年，从未变过，最主要的是儿子不想迟到。我知道，儿子很辛苦，但凡事都是有利有弊，我也是怕儿子不习惯，如果要等他适应的话，可能还要一段时间。我还清楚一点：经常迟到的孩子一定是家住在附近的孩子。大家应该体会过，家离得越近，起的一定是越晚的，因为心里总觉得时间来得及，而往往没有打出提前量。迟到的一定是家近的学生，这已经是一个定论了。

每天在送儿子的路上，看着儿子张着小嘴睡得那么甜，有时候我也会想，别人能租房，我怎么就不能租呢？可我还是很珍惜和儿子一起上学和放学的时间，这段时光应该是我们在孩子上学期间能够和谐相处的最好的时光。

3. 一直在接送孩子上下学

我觉得这一点自己做得很好，现在想起来，这样做也是对的，那就是只要条件允许，每天接送孩子。其实我一直不主张接送孩子，但我又一直在这样做，为什么？这要看接送的意义在哪里。

本来让孩子自己上学和放学是对孩子的一种锻炼，但存在两个问题，一个是孩子在路上的时间耽误太多了，另外就是没有时间与孩子交流。

孩子上学和放学的时间都是最堵车的时间，这段时间孩子在路上，没有办法学习，也没有办法休息，全都浪费了。而孩子回到家里之后，除了吃饭只就剩下学习了，根本没有时间与孩子进行交流，我们总不能在孩子作业很多的情况下，找孩子聊半个小时吧？

在放学的路上，孩子在学校所有的开心与不开心都在他的心里。这个时候，和他的交流应该是最理想的，因为在路上的时间既不耽误学习，又不刻意，所以合理安排这段时间，可以与孩子做一些有效的沟通。这是最佳的时间，也是最合理的时间。我们损失的确实是孩子独立生活的锻炼机会。但我权衡了轻重，最后还是选择了接送，孩子的喜怒哀乐与你的生活都是交融的。

于是就出现了这样的局面：

儿子已经18岁了，在家里，他会把接触到的最前卫的东西，第一时间与我分享。如果我不懂，他就会慢慢给我解说。多数时候，我们会开心大笑，或者一起调侃，我觉得这才是与儿子的生活。

儿子从小就喜欢和我说学校的那些故事，每个老师的特色，他都会根据每个人的特点，学得惟妙惟肖。他会分享今天开心与不开心的事，他会与我交流他的困惑，他会谈他自己的想法。直到现在，儿子还会经常在我做饭的时候，跟到厨房，和我说着他一直想和我说的话，那些有的没的，反正他就是想跟妈妈分享。

如果说，我们的接送可以换来这样的一个结果，我觉得是值得的！多少家长一直不知道，自己为什么与孩子离得那么远？孩子什么都不和自己说，甚至可能都发生了很严重的事情，家长还是一无所知。事实上，这与我们自身的定位和自己的做法有直接的关系。

每天的交流都是相互的成长，我们在了解孩子，也让孩子了解我们。我会让孩子知道，我在做什么，我做这些事情有什么意义。很多家长觉得，孩子还是小孩儿，他们什么都不懂，为什么要和他们说，和他们说了也没有用。但大家想一想，现在的孩子为什么不理解父母的很多做法？为什么你做的一切他们都不认同？包括现在的家长与孩子之间特别难沟通，感觉每个孩子都很有个性？我觉得问题不在这里，而在无法正常沟通上。如果双方都互相了解了，大家都知道每个人的难处，试想一下，我们的孩子还不至于故意去为难父母吧？

互相的了解、理解与沟通是与孩子相处的大前提，没有一个共同的话题，怎么沟通？怎么交流？在哪个年龄段，哪个层次都是如此！想想成年人之间，不也是一样吗？

4. 关注孩子的精神成长

从物质的角度来看，我们只能做力所能及的事情，但在精神上，我却从未忽视过孩子的成长。关注孩子的精神成长，不是说一说就可以做到的，而是需要时间和智慧的。有很多家长有大把的时间，但他们缺少教育的智慧，所以往往适得其反。他们的唠叨加上溺爱，让无数的孩子，从优秀走向了平凡。他们也费尽了心思，但结果往往不尽人意。

很多人觉得我没有累着，所以我一直想要个二胎。但实际情况和大家想象的并不一样。儿子还没出生的时候公公婆婆就来到我家，他们真的是太能干了，家里所有的事情都被包揽了。但我深深地意识到一个问题，孩子的教育绝对不能让他们承担，这一定是我的事。

所以从儿子出生开始我们家就有明确的方向性：婆婆负责吃穿用，公公负责接送，老公负责陪儿子玩，教育的事我来负责。这样各司其职，大家都在自己的范围内做自己应该做的事情。这样就不会出现父母管孩子，爷爷奶奶拦着不让教育的问题，也不存在老人缺少存在感的问题。有些事情需要先说清楚，否则家长的不统一会让大多数孩子的教育走向失败。

我每天都领儿子读书，给儿子讲各种故事，定期领着儿子去感受大自然的魅力，通常的情况下我会与孩子讲生活中的很多道理，我会让孩子的精神世界变得越来越强大。我也会告诉儿子很多中华民族的礼仪，让孩子明理、懂礼。所有的一切都是我这个当母亲的应该教给孩子的。关注孩子的精神成长，这是做父母的人最应该做到的。

想一想，当孩子的精神世界很强大的时候，其他方面自然就会发展得很好。而在我们的生活中，很多时候家长们更多的是在关注孩子的吃和穿，关注孩子的花销。我们真正应该给予孩子的，恰恰是孩子缺失的。这就是很多做父母的人失败的根本原因。

5. 说请就请的假

说心里话，儿子在 12 年的学习生活中，几乎没有请过假，除非他真的生病了，即便是这样，他多数时间也会坚持的。

高三的时候，我感觉到了儿子很累，我知道他的心理承受能力，如果可以的话，我真的想让儿子每天都睡到自然醒，可那是不可能的。

每天儿子需要写作业到12点以后，当然我知道，是我这个做妈妈的心太软了，因为别人家的孩子可能要学到1点以后，但我是不主张的。特别是前两年，我几乎每天都在要求孩子按时间睡觉，基本上要求他在11点前要上床睡觉。因为孩子太缺觉了。想一想，他12点睡，早上5点多钟就起床，一天就这5个多小时的睡眠。他是成长中的孩子，又是这么累的节奏，居然能在这样的状态下坚持3年时间，实在是不容易。

时间一长，我总觉得儿子太累。我会适当地劝他，如果太累了，就请半天假，多睡会儿，也不差那几节课。通常的情况下，儿子都会拒绝，他会觉得我有点过分。

但到了后期的时候，我真的觉得儿子太累了。有几次，儿子身体也不是特别的舒服，有时是腿，有时是后背扭伤，那段时间，孩子可能还是有些紧张，总觉得哪里都不舒服。这个时候，家长不要做孩子的工作，因为他的心情很是烦躁，也不要试图改变什么，因为即便是改变了，他也学不进去，与其那样，还不如让他直接就在家里睡觉，补补觉也是好事啊。

所以，每次只要儿子告诉我不舒服，我就告诉儿子，你好好睡吧，妈妈给你请假。

其实每个人都有心理和生理上最脆弱的时候。往往在这个时候，我们首先不是理解，而是觉得孩子马上高考了，这得多没正事啊。但很多家长没有思考清楚，其实"磨刀不误砍柴工"，毕竟，孩子的状态不好，学习也不会有效率，但如果让他调整一下，往往会事半功倍。

但很多家长没有这样想过，孩子一旦不想去了，他们先是好言相劝，觉得自己是父母，见得多了，总能说服孩子，如果实在不行，可能就会生气、发脾气，然后大家都会不开心，于是就会出现很多家长与孩子都没有办法交流的局面。其实和孩子相处，就像和同事相处是一样的，往往关系越近就会处理得越乱，导致很多家庭在高考前的氛围都是特别诡异的。

家长小心翼翼，孩子面无表情，仿佛全家如临大敌，却又没有办法做到同仇敌忾。这是很悲惨的高三，也是孩子很悲惨的人生。因为这样，孩子的成绩不会发挥得特别好，这也就完全背离了我们家长的苦心和教育的初衷。

真正懂教育，真正理解孩子，真正为孩子好的人，一定会设身处地为孩子想一想，怎么处理更合适？可能我们一个解决问题的方法会改变孩子的一生。

6. 教育原则：先做一个好人，然后再做学问

其实在我当了20年班主任的过程中，也是坚持了这样的理念，让学生在品质

上占了先机，所以我的学生在世界各地都是各行各业中的佼佼者。

曾经在语文的作文素材中，有过这样一则材料：在一个外企面试中，只有一个孩子通过了，只因为这个孩子在进去面试的时候，捡起了横在面前的扫帚。我不知道别的老师在讲授这个素材的过程中有什么感受，但我总觉得作为一名一线的教育工作者，我内心很是惭愧！

中国，作为礼仪之邦，教育应该有根呀！根就在做人！

我告诉我的孩子，知识只是一个方面，我们真正的本事是内在的素质和优秀的品质，如果我们做不到这一点，学问再高又能怎样？社会上不是也出现了汶川地震时的"范跑跑"？不是也出现了名校学生往熊猫身上泼硫酸？不是也出现了名校学生经过周密计划用知识杀死自己母亲的事情？事实告诉我们，真的应该在孩子的教育上，把做人放在首位。家长总想通过自己的能量帮助孩子，又有多少孩子走着自己父母的老路，最终父子、父女一起下马，这样的例子还少吗？

我一直坚守着自己的教育原则，我是一线的高中老师，我在很多事情上可以适当地帮儿子走一些捷径。可我没有为儿子铺任何的道路，我知道自己这样做可能会给儿子带来很大的损失，但我还是这样做了，是帮儿子还是害儿子？我不知道。

我看到了太多的家长在替孩子铺路，路很好，也很长。但他们的孩子到底能走多远，这个无从考究。

所以当我面对自己家孩子的时候，我忽然觉得我不能这样做，我忽然觉得那不是我的初衷，那也不是我想做的。

其一，我确实不像别的家长那样，有人脉，有资历，有资源。作为一名一线教师，我什么都没有，我仅有的就是给孩子一种精神上的支持。

其二，是更重要的一点，我一直在想一个问题，不管在这个社会上我们操作了什么，孩子不可能不知道。如果孩子知道了，他今后的人生里会怎么想这件事情？是不是遇到任何事情，他都会想到去找人？或者去走一走关系？如果这样，孩子的未来是不可想象的。

我忽然觉得，自己是无助的，面对当今社会，特别是发展很慢的东北，我真的是无能为力。但我清楚地认识到一件事：我可以做我自己，做一个不一样的自我！这样做的代价可能会很大，儿子为此要付出很多。

多少次我也处在矛盾之中。我看到了一个清华的学生，分数很高，家里很有权势，降了几十分录取了。但见到同学和长辈的时候，他没有一句话，仿佛自己就是神一样的存在，即便是清华的老师和他说话，他似乎也并没有将别人放在心上。我不喜欢这样的孩子，如果是这样，我宁可选择去让孩子读任何一所学校。我还看到这样的孩子，他只知道自己学习，老师让大家打扫卫生，他会找一个没有人的地方继续学习，等大家都打扫完了再回来。他每天和父母也是没有对话的，如果有，那也仅仅是一种常态的礼貌性问候，更多的时间是在自己学习，过着清修的日子。这种清修的代价就是失去了常人所应该有的一切，如果是这样的清北孩子，我宁可选择让儿子去一所普通的学校。

儿子一直在说，清华的孩子又红又专。我告诉儿子，清华的孩子一定要心怀天下，只有学习好是没有任何意义的。为什么要去清华？不是因为你学习好，是因为你可以拥有更好地回馈社会的平台。清华为什么要求你们"为国家健康工作50年"，是因为他们想让你们为国家做出更多的贡献。清华的孩子不用愁工作，不用愁未来，而你们最应该做的就是用一颗忠诚于国家的心去做一些你们力所能及的事情，50年只是一个底线。

我和儿子之间的对话是这样的，我觉得清华的孩子应该是这样的。

我曾经说过：如果让我的孩子成为一个书呆子考上清华北大，我宁可让他成为一个有血有肉的孩子，去一所其他的普通学校，然后为社会做出自己应该做的贡献，也无愧于自己还是一名有血性的中国男人。

7. 家庭教育的大智慧与小智慧

当今社会的家长分为两大类，一类是分分钟都在管孩子的，还有一类是撒手不管的，这就尴尬了。

其实这两种家长都不够聪明与智慧，做高中孩子的家长，就应该做有智慧的家长。

所谓的智慧到底是什么？

我们一直在探讨，至少应该是及时学习与及时反思的人才能算得上智慧。

而在有智慧的家长中，也是有区别的，智慧应该分为大智慧和小智慧。为孩子的眼前着想的人应该是有小智慧的人。他们足够聪明，足够智慧，否则他们不可能在这样激烈竞争的情况下还能有自己的一席之地。这只能说，他们够聪明，他们够有能量，但"人无远虑，必有近忧"，不知道他们是否能够感受到自己孩子的未来在哪里？也可能他们还有后续的能量，他们还可能做一些事情，如帮忙确定孩子的工作等等，但他们最终能替代孩子生活吗？他们的日子总归是有数的，有一天，孩子终归要自己飞翔。

大智慧之人，是不是应该帮助孩子规划未来？授之以渔，而不应该授之以鱼。拥有大智慧的人，给孩子的不是具体的财富，不是真正的"鱼"，而是打鱼的本领，是一种生存的技能，是一种永远无法用金钱估量的财富。那是一种能力，一种品质，一种习惯，一种优于别人的不可替代的本领。大多数家长理论上能够给孩子的就是这些。而事实上，很多家长的认知里出现了偏颇，他们的思想走向一个死胡同，认为学习是唯一的出路，而自己又是如此的无能，便将所有的赌注都放在了孩子的学习成绩上。当一个人过于关注某一个点的时候，这个点就是最容易出现问题的地方。所以很多家长，无论他们在哪个行业里，都是很优秀的人，但在教育孩子方面，他们往往就会显得很无助，经常觉得自己是无能为力的。其实他们只是欠了一点的思考而已，如果他们把教育孩子也当成自己的一份事业，精心去思考、去研究，他们一样可以发现，教育孩子和其他事情是一样的，只不过是需要一定的教育智慧而已。

作为一名高中老师，拥有二十几年的工作经验，却让自己走了这么大的弯路，实在觉得应该与大家分享。我曾经懊恼过，并且告诉自己，如果有机会让我再教育一个孩子，我一定可以更轻松、更没有负担地让孩子考上清华或北大，这一点不会有任何的悬念。真正做一个有大智慧的家长，让家庭与孩子最终都成为最大的受益者。当然，现在的结局虽然经历了一些波折，但还是实现了我们的梦想。

第 2 章

当幸福照进现实

高中3年，我与儿子既有交集，又有相对独立的想法，但我永远都是他的建议者，偶尔参与他的决策，关键时刻有一两句提点就足够了。我们应该是孩子生活中的客串和"彩蛋"，而不是做最后决定的人，如此而已！

（一）父母要做到"五要五不要"

1. 要创造良好的学习环境

当父母都拿着手机坐在家里的时候，孩子的内心是不平静的，因为孩子也是平常的人。一个时代的特色可能会改变一个社会的风气，当人们面对面在书桌上，都会成为对坐的低头族，当我们一再强调不让孩子玩手机的时候，我们家长又在做什么？

改变环境应该从改变自己做起。社会发展速度太快，我们没有办法让自己脱离社会，可我们不能让自己执迷于这些。从家长的角度来讲，创造良好的学习环境是首先应该做的。我们可以想办法把手机里需要处理的事情放在单位，也可以定点看手机，给孩子树立一个榜样：手机可以玩，但不能总玩，应该有一定的限制。孩子也一样，可以适当地浏览一些信息，适当地用手机，但要有时间限制，有内容要求。这样，一切就都顺理成章了，而不会因为手机出现太多的家庭矛盾。许多家长一味地要求孩子不玩手机，但我们需要反思一下环境对他们的影响。试想一下，如果我们身边每个人都在玩游戏，每个人都在聊天，我们不去玩，不去聊，是不是显得太个别了？我们只能屈从，即便我们不想。那家里的环境是不是也一样呢？

很多时候，我很感激我的公公婆婆。他们两个人的文化水平并不是很高，但我家里书架上所有的书他们都读过，而且不止一遍，这对我儿子的影响是特别大的。因为我们本身都是老师，都是喜欢书的人，而家里的老人又都在读书，孩子觉得这就是顺理成章的，所以每天以读书为乐趣。这是一件水到渠成的事情。

每天家里就会出现这样的场景，我们两个人在自己屋子里看书，儿子在自己屋子里看书，老两口在自己屋子里看书，屋子里有着特别安静的氛围，偶尔会有人去准备些水果，然后又各自回到自己的位置上。生活其实本来可以这样享受的。

我曾经去过一个朋友家里，居然一本书都没有，我不知道在这样的家里他们是怎样生活的。我只知道，人生中，如果想让孩子真正地成长成才，书是我们可以给孩子的最大财富。

如果家里有读书的环境，孩子想学习不好都难，所以我倡导大家为孩子创造一个读书的环境。每个人都去读书，人们的整体素质自然就会有所提高。

犹太人，一个弱小的民族，却是世界上最富有的民族，就是因为他们人均每年读书60多本。书带给人的是智慧，是无法估量的财富。

什么是良好的学习环境？在安静平和，有着书香氛围的环境，孩子想不安静都很难。

2. 要理解孩子的难处

有些家长总拿自己当年的情况与孩子现在的情况相比，实际上如果真的看到了学生现在学习的书本，你会发现，知识随着社会的发展，也难了好多，不像我们当年那样。社会毕竟是在飞速地发展，知识也会不断地更新，想让孩子学好是我们的初衷，但也应该明白孩子学习起来确实很困难。这就是为什么在初中算成绩都是算扣了多少分，而在高中算成绩的时候都是算及格没有？高中的学习确实有很大的难度。

每个家庭对孩子的培养都是尽自己所能的，其实孩子的智商差别不大，他们的营养都很充分，他们都有很强的竞争力。如果每个人都认真去学习了，他们都会是一个很强的竞争对手，所以我们的孩子是在强手如林的社会上生活，怎么可能很容易就打败别人？他们需要付出很多的辛苦与汗水。

孩子很难，家长的理解是至关重要的。

我是看着吉大附中的孩子如何在"鬼班"里成长的，那真的是地狱一样的存在。儿子在中考完的第二天就被通知分到了这个地方，因为儿子的成绩一直很优秀，特别是他们负责竞赛的老师都相中了儿子，所以这个课是必上的。

于是儿子每天从早上7点到晚上9点，没有休息时间，从中考的考场出来，就被硬生生地带到了这里。这是一个魔鬼生活的地方，但这里又培养出了那么多优秀的孩子。我们应该怎么看这个问题呢？这里的孩子都是初中阶段最优秀的学生，他们有天分，有后天的努力，他们还有一份刻苦求学的精神，怎么能不优秀？但谁能知道，他们付出了多少，他们坚持下去有多难？没有人能理解，但我知道。我知道每天接送孩子的时间，我知道儿子每天学习的量，所以我从不逼迫孩子，他想学，我就交钱，他不想学，我们就回家。

儿子一直不服输，但坚持下来真的是太难了。我们的战友，四个孩子，四个大人，都坚持下来了，那是一种团结的力量在支撑着我们，四个孩子，四个大人。现在这几个孩子，一个在北大，一个在清华，一个在新加坡，一个在浙大。我不知道学习这些有没有用，但我知道，高中的课程一定是有难度的，一定要付出比别人多几倍的努力，你才可能收获别人收获不到的东西。

我一直不主张在课外上课，但高中课程的难度让我不得不重新审视这个问题，高中的课程是应该有个提前学习的过程，但一定要记住：

听的每一遍都要当新课听，或者带着问题听课，不能因为听过一遍觉得自己会了，就不认真了。现在很多学生的问题就在这里，所以会出现自己都不知道哪里会、哪里不会的局面。

课外的课程一定要有提前量，让孩子有复习的过程，否则就像我们吃东西一样，吃过了没有消化，等于白吃。

课外的课程一定要选好老师。高中课程的老师很重要，好的老师讲的一节课相当于不好的老师讲十节课，所以不要贪小便宜，觉得这个老师的收费低，可我们的时间是有限的，如果选择了不好的老师，等于是在浪费孩子的生命。高中的学生们比拼的还有时间。

3. 要充当孩子的助力

作为家长，我们到底能做什么？很多家长特别困惑，总会和我说："我们什么也不会，也没有办法辅导孩子啊！哪像你们，你们都是当老师的，想讲点就讲点。"说实话，真正能辅导孩子的有几个啊？我是高中语文老师，但对于我自己的孩子而言，他是学理科的，他的功课我无能为力。所以，不是你会多少，而是你对自己的角色定位是什么？

其实每个家长都是一样的。现在的家长更多的都是对孩子的指责，对孩子的不认同，所以导致孩子没有逆转的机会。父母对孩子的打击是最大的。一次我在医院看腰病，那天看病的人很多，一个家长在微信里发了好多条微信，特别是其中一条把我吓到了：我想自杀。我放弃了看病，人命关天，腰算什么。

原来是一个四年级孩子的家长。老师在早上给家长发了一条微信，说他家男孩子往一个女同学身上贴个纸条：大 sb，老师对孩子提出了批评。可能老师的语气重了些，家长就认为自己的教育过于失败，这个孩子没救了，特别是这位母亲早年失去父母，自己把弟弟带大，弟弟特别优秀，她认为自己的孩子也一定是优秀的，怎么能这样？巨大的心理反差让她生出了不想活的念头。

我问她："你骂过人吗？孩子的班主任骂过人吗？这只是个错误，你要告诉孩子哪里错了，问题出在哪里，以后怎么处理，你至于不想活吗？"

她不相信："就这些"？我说，"对，就这些，你还想做什么呢？""可……"

家长在这个时候到底应该怎么做呢？孩子犯错是正常的，我们应该允许孩子犯错误，但一定要告诉他们错在哪里？以后应该怎么做？对的是什么？这个很重要。如果我们歇斯底里，孩子还有归宿吗？我们真就把孩子彻底毁了！实际上，当我们能帮孩子分析、解决每一个问题时，我们才真正是孩子的归宿，才不至于让孩子走偏，走远。这才是孩子的助力！

就像我们的孩子生病时一样，我们需要找到相应专业的医生进行诊断，问题就可以解决了。其实学习是一样的道理，我们应该带领孩子分析问题所在，然后针对问题解决问题。

而我们常态下看到的家长大多是这样的：哪科不好就补哪科！他们不会了解问题的实质，也不会去找问题的根源，所以很多家长给孩子大量补课，但结果却不尽人意，为什么？因为他们没有对症下药，只有找到了问题的根源，才能从根本上解决问题。

我们应该成为孩子成长中的助力，就是当孩子出现问题时，我们应该帮助他们分析问题的所在，如果分析不明白，可以找老师，或找其他可以分析明白的专家，把问题分析到根源，从根源解决问题。

我们应当给孩子的是一生的财富，应该成为孩子成长过程中的助力者，从高站位的角度和孩子们对话，我们有责任和义务让他们在我们的基础之上活得更好！

4. 要成为孩子的朋友

我们一定要成为孩子的朋友，与孩子同龄成长。很多家长总在说，我就是一个大老粗，怎么能成为孩子的朋友呢？

当孩子和你抱怨学习有多难的时候，你要认同孩子的观点，然后从积极的角度去和孩子谈如何想办法解决这些困难。这样，你理解了孩子，孩子也找到了宣泄的对象，自然就会把你当成朋友。

有这样一个学生，刚上高中的时候，他只考了400多分，当时家里花了好多钱给他补课。应该说这个孩子遇到的问题是最多的，但我发现了一个现象，就是他的妈妈一直在他的身边，像朋友一样，陪他一起想办法。这个孩子身上有一点是特别值得大家学习的，就是一份坚持。从第一节课开始，只要下课，他就会拉住老师问问题，大家可以想象，400多分的成绩单，可见这个孩子基础是很差的，他的问题也一定很简单，有些时候真的把老师都问得有些不耐烦了，但他还是在坚持。三年，他从普通班到实验班到精英班，最后考到了一所特别好的重点大学。这里有孩子的坚持，但更多的也有家长作为朋友的支持与鼓励。我也一直在这样做，当我家孩子在学习上遇到问题的时候，我一直都在他的旁边，默默地支持他。

孩子在学习上遇到问题的时候，你应该第一时间站在孩子的身旁，不是指责、打击、斥骂甚至暴打，而是从情感上感化孩子，第一时间积极地想办法。不闻不问也是对孩子最大的虐待。有很多家长觉得学习就是孩子自己的事情，反正我也不会，那你就自己处理吧。其实很多时候，孩子的内心是很脆弱的，他们需要的不是你会多少知识，而是你与他一起并肩战斗的过程，你给他坚实的依靠，你让他感觉到温暖，如此而已。

当我们成为孩子的朋友时，我们就可以让很多问题解决在萌芽里，甚至连发生的机会都没有。比如孩子的早恋，很多时候，是因为他需要倾诉，可我们没有给孩子机会，孩子还没等说话，你就先让他闭嘴，孩子刚刚想说，你就说不对，我们便失去了很多沟通的机会，然后就再也没有了。我们和孩子就应该是朋友，因为我们在一个屋檐下生活，我们有太多共同的东西。如果我们都不能成为朋友，孩子在未来社会里的交往问题不是很严重的吗？

5. 要做孩子的榜样

无论我们是做什么工作的，都需要不断地学习，才能让自己的生活过得更好。在当今社会，有学习力的家庭才是有竞争力的家庭。我们应该在自己的领域多学习，让孩子们感受到学习的乐趣。榜样的力量是无穷的！

记得我在儿子高二的时候，为了学习心理咨询师课程，每天背着双肩包和儿子一样，起早贪黑，去省图书馆学习。最后在不到半年的时间里，凭自己的努力考过了心理咨询师二级。儿子很自豪，我也很自豪，我们两个的学习劲头是可以媲美的。

成年人往往停留在自己当前的状态上，这个是我不太赞同的。很多人都觉得，我都活到这岁数了，还学习什么呢？我不管你是怎么想的，但如果你的学习可以带动孩子，还可以让你在自己的事业上做得更好，你是不是也可以真正付出些努力和辛苦呢？我觉得这份付出的回报是相当丰厚的。你收获了充实的人生，同时也收获了优秀的孩子。

那天我和朋友一起吃饭，他说，他人生最大的遗憾就是在高三的时候去当兵，然后在部队考了军校，还是大专，一生没读过大学。这次他要参加一次上岗考试，他姑娘要参加研究生考试。他说，我打样，我学给她看，我一定能考上，我相信我姑娘也一定能考上。我知道，这样的学习是有动力的，这样的教育成功的可能性最大，因为榜样就在身边，不学都不好意思。这样的学习，只要坚持下去，是不会不成功的。

可能有太多的家长觉得我们的一生这样就可以了，可事实上，我们带给孩子的影响，那份潜质是你自己没有看到的。有部电视剧叫《我的前半生》，我觉得，孩子就是我们的后半生，因为我们的影响，可以让我们的后半生发挥出更大的作用，我们可以看到更优秀的结局，为什么不去做呢？在这里我想给家长朋友们五个建议。

一、不要总唠叨。

孩子们最厌烦的事就是唠叨。

"你应该做作业了，你应该学习了，你看看人家的孩子，你再看看你自己，你怎么总不如人家，一样花钱，一样学习，你怎么就那么笨呢？什么时候妈妈也能像人家的妈妈一样，那么光荣！"

"学习吧，妈妈这辈子没上过大学，你总得给妈妈争口气吧？你再不争气，妈妈这辈子都不知道大学什么样了，妈妈这辈子都会遗憾的，本来妈妈就不如人家，你也不如人家……"

当这些话充斥在孩子耳边的时候，即便有再大的忍耐力，我想他们也很难让自己冷静下来学习。孩子会怎么样呢？

昨天，一个男孩给我打电话，说他快得精神病了。我问他"为什么这样说呢？"他说："我刚刚上学的时候，还是有很多想法的，可我妈妈总说我'完犊子'，'就是个废物'，'啥也不是'，我不知道自己现在是什么，我都没什么信心了，现在我什么想法都没有了，我只要一想到我要和我妈说话，她说我的那些话，我就觉得活着都没什么奔头了。"

我告诉孩子："你不能拿妈妈的标准来衡量自己。你可以选择性地听。有些话还是有一些道理的。"

家长的唠叨会让孩子产生一种过敏反应，他们会在你的唠叨声中渐行渐远。你会发现，你所做的一切都适得其反，很多的期待变成了一份无奈。而你也耗尽心力，最后孩子就会破罐子破摔，与我们的期望越来越远。这就是现在很多家长教育的现状，其实改变无非就是从家长自己做起，闭住嘴，学会倾听，给孩子些空间，生活就会不同。

改变从自我做起，改变应该从家长自身做起。

二、不要总盯紧孩子。

讲一个特别悲惨的故事：一名老师带着她上高二的孩子来到我面前的时候，她满脸的无奈，为什么？因为她觉得自己没有把孩子看出来，没有看出成绩来？她问我怎么办，我告诉她，问题不在于你看没看出来，而在于你为什么要看孩子呢？

"看"这个词，我们一提到，就会联想到小偷或者贼，当我们把孩子当成这些人的时候，我们还有对孩子人格的尊重吗？我们到底想培养出什么样的孩子？这是很多家长没有认真思考的事情。

有些家长内心最直白的答案是：考个好学校，有个好工作！当我们停留在这上面的时候，我们确实要看孩子，但我们真的就让他只停留在这个高度上吗？

我问这个家长："你看孩子，孩子就会学习吗？""至少他坐在那里了。""他学习了吗？""有时候学，有时候不学。""那你看的意义在哪呢？""至少我看到他坐在那里了，我心里踏实。"

"孩子，妈妈这样看着你，你怎么想的？"

"我都要疯了，我不想回家。"

"妈妈看着你，你不正好学习吗？"

"老师，你想过吗？你身后总有一双眼睛在看着你，你能舒服吗？"

"那有什么不舒服？我还不是为了你好！"

在现场，母子两人就为了这个"好"字争吵了起来。

我不知道这位母亲会失去什么，但我觉得她至少没有对孩子真心的爱。她给孩子的心灵造成了巨大的损害，带来的阴影也不知道什么时候才能够消失。

后来，我和她谈了母子应该是什么样的关系，如果尊重孩子，如果理解孩子，如果与孩子做朋友，就可以改善他们的母子关系，但她骨子里的东西是没有办法改变的。

当孩子高考后，她哭着打电话问我："我太失落了，我现在应该干啥呢？"

我告诉她："如果你去看你的丈夫，估计用不上一年就能离婚。"

说实话，和她交流完，我为孩子伤心，也为母爱痛心。

一份爱，一份好意，却是这样的结局！

我从来没有这样看过我儿子，我觉得孩子应该有自己的自由和空间，我们也没有那么多的精力去看孩子，我们还有自己的工作和生活。难道我们的生活全部都是孩子吗？

这是人生的错位，孩子不应该是生活的全部啊！当我们失去了自我的时候，试想一下，有一天孩子长大了，离开了，我们的天不就塌下来了吗？我们还能找到自我吗？不能！摆正位置，让每一个人都有自己的位置，都在自己的位置上做到最好，这才是生活。

三、不要总忙于工作。

家长群体经常走向两个极端，一个是总在家里看着孩子，一个是常年不回家，家就像是一个住宿的地方，甚至孩子都见不到家长。最让我不能理解的是，有些父母觉得自己的事业好像比什么都重要。

很多时候，孩子的长大就是一瞬间的事情。我们不知道，孩子在哪种经历过后会成长，但我们的家长却忽略了孩子成长过程中的一些重要环节。不知道家长们有没有想过，我们失去的不只是一次经历，还是我们人生中最美好的回忆。

国外的教育中最重视的是仪式感，孩子的每个重要人生阶段家长都会盛装出席。家长总想让孩子懂事、长大，但这需要经历和机会，长大怎么可能是凭空发生的呢？

还有的家长，一直觉得自己的工作要比孩子重要得多。我在做班主任的时候，开家长会时会要求家长一定要到位，生命中不应该只有工作，还应该有一份对孩子的教育责任和义务。

我们到底应该给孩子什么？忙碌的家长不妨问一下自己。如果我们可以给孩子一生的能力，我们为什么不确定好方向，向一个正确的方向努力呢？

我的第一本书出版的时候，曾经出现过这样一个小插曲。一个特别有钱的男士有一天来到我们学校。他讲述了他和我的书的故事：

一个朋友买了你这本书，扔在我车里，我都懒得看。今天没事了，在等孩子的时候，我随手翻了翻，我真看下去了。我一直在想，孩子那么小，怎么可能会觉得不幸福呢？他们有吃有穿、有人接送，多幸福啊！

我问我儿子："儿子，你幸福吗？"儿子立刻回答我："不幸福。"我当时就蒙了。"为什么？"

"别的小朋友放学都是爸爸妈妈去接，你和妈妈在哪？别的小朋友哭的时候，都是爸爸妈妈在身边，那时候，你们在哪？别人有委屈都可以找爸爸妈妈，可你们又在哪？"

我一个30多岁的汉子，听到孩子这样说，泪流满面。

于是，我告诉儿子："我陪你到18岁，生意可以到时候再做，但你的人生没有重来的时候。"

后来我才知道，这是个成功的人士，身价很高，他给孩子的都是最好的物质生活，但他忽视了一个问题，就是孩子需要的是什么。

很多家长离家在外，确实很辛苦地为家里打拼，但这样做值不值得，这是很多人需要思考的。缺失父爱、缺失母爱、缺失家庭的爱的孩子们，他们都很难正常成长。醒醒吧，也许我们可以挣很多钱，但我们损失的可能会更多。只是看我们用什么去衡量吧。

四、不要有事没事总去孩子的屋子。

只要家长想去孩子的房间，总会有理由。

有一次，我真的送水果进去，儿子嘲笑我说："这个理由太勉强了。"我告诉他："我才没空理你呢，你太自作多情了！"这可能是我唯一一次没经过儿子允许就去儿子的房间。

儿子的房间和我们的房间隔着卫生间，说白了，就算儿子在屋里踢球我们也不会听到。所以，我们是没有办法知道儿子在屋子里干什么的。

最主要的是，我们家里是有规矩的。从儿子懂事开始，我进儿子的屋里是要敲门的，因为他是男孩，有时候可能在换衣服，他允许我进，我才能进去。这既是对儿子的尊重，也让他有了自己的私密空间。

他能干什么呢？我曾经和儿子聊过。他干过很多违规的事，比如：偷看杂志，小说，特别是自己爱看的书。我们家每年至少要订1000元钱的杂志，我通常问他："你的杂志都看过？""对啊，看过，而且不止一遍。""什么时间看的呢？"他会神秘地一笑，做个鬼脸，我知道，他一定是在学习的时间里看的。但现在回想起来，他看书又怎么了呢？看书不也是学习吗？他也在认真学习，他也在认真写作业，想看书就看呗，怎么就变成了偷着看了呢？

儿子是班级里最听话的那个，从不迟到，从不打架，从不惹事，每天都认真完成作业。当然，在高三的时候偶尔也有不交作业的时候，那是因为实在写不完了。

我们之间通常都是这样的对话：

"妈妈，今天作业真多啊，不到一两点是不可能写完的！"

"那有没有可以快点抄完的，或者妈妈能做的？"

"你还是放弃你的想法吧，字都不一样。"

"那咱们就选择那些老师查得紧的，如果老师查得不严的，你就不写了，咱们争取在12点之前睡觉，咋样？"

"看情况吧，有些是必须得写的。"到12点多了，儿子还没睡，然后我第二天就会看到，儿子张着小嘴儿在车上睡得酣畅淋漓。我心疼儿子，儿子知道我一直和他站在一起。老公说我惯孩子，但我总觉得自己还是懂点教育的，还不至于把孩子惯坏。惯与不惯是不是应该有个度就好呢？我是这样想的。

五、不要对孩子的学习指手画脚。

对家长来说，无论懂与不懂都不要对孩子的学习指手画脚。有些人总觉得我是高中老师，总觉得我经常教高三的学生，对孩子的学习一定有很大的帮助，其实大家完全想错了。儿子的成绩和我几乎没有什么关系。如果说有，我确实给他讲过两次语文，这是儿子学习上我唯一帮助过他的。第一次是在他刚刚上高中不久，他觉得高中的语文和初中差距很大，于是我从总体上为儿子做了一次解读，后来是高三的时候，他觉得自己在语文上还是有一点儿欠缺的地方，我又和他聊了一次，就这样而已。我觉得我所做的实在是微乎其微，没有任何意义。这些都是我自己可以做的，但不在儿子需要的情况下，我是没有做任何事情的。

其实，孩子应该有自己的学习目标和计划，只有这样，他才能清晰地了解自己的学习情况。只有自己了解了，他才可能将所有的工作做到前边，才能让自己的学习从整体上有个规划。有些家长特别愿意替孩子做主，找个班上点儿课，假期的时候干脆直接告诉孩子学什么。往往这样的家长教育出来的孩子是很难出成绩的，因为他们所找的补课的地方，不是孩子所需要的，而孩子所需要的又没有时间去学，所以自然成绩不可能补上来。

那么，我们在孩子的学习中能做些什么呢？

了解孩子的需求。孩子对自我的分析相对父母还是更专业一些的。我们可以和孩子一起分析问题，了解孩子的需求，让孩子提想法，尽量去满足孩子提出的要求。他可能在一定的时期里会需要什么样的老师来补习哪些弱项，他可能会在一定的时间里需要我们帮忙购买一些什么材料，而家长能做的就是满足孩子学习上的需求。

对孩子的肯定。我们对孩子的认同很重要，在学习上我们可以不懂，但我们应该可以看到孩子的付出，孩子的优点，而不能总看那一点成绩，总想打击孩子，这是家长最不应该做的。我们应该告诉孩子，他一定行的。同时我们也要适当增强他们的自信心：当年我们学的东西都很简单，可我们还是学不懂，现在的知识这么难，你都可以应付，还是很厉害的。其实我们可以从不同的角度看到孩子的优势，可以用不同的语言去肯定孩子，去鼓励孩子，让孩子有希望，有信心。

这就是我们在孩子的学习中应该做的。

（二）高中三年——晨宇带你去学习

从初中升入高中后，无论是题型的设置、课程的容量、作业的数量，还是学习的方法都会发生巨大的改变。作为一个刚刚高考完的学生，我曾经也一度感到十分迷茫，不知道什么时候应该侧重什么。事实上，高中三年看起来漫长，实则十分短暂，并没有足够的时间让学生探索学习的方式。当你意识到需要做什么时，很可能已经错过了提升的最佳时期。在这里我与大家分享一下我的经验和心得，希望对高中新生有一定的帮助。

1. 中考后的暑假要不要提前上课？

我个人的意见是要上。高中的知识对于高一新生来说接受难度还是比较大的。尤其是高一刚刚开学的时候，数理化生都要引进一些新的概念，如果初期理解不了，就会导致我们无法进入高中的知识体系。比如高一数学引进了函数和映射概念，初中时的 $y=ax+b$ 突然变成了 $f(x)$，再加上单射、满射等晦涩概念，很容易让学生产生畏惧心理。再比如高一化学引进的"物质的量"概念，与生活中常用的单位都不同，学生就会难以投入到这一学科的学习中。而在学过后面章节之后，前面的概念也就很容易理解了，并且这种知识经过多次讲解学习后，个人的印象会加深，更有助于理解和掌握。

2. 暑假上什么课？

对于理科生，我的建议是提前学习数理化。数理化三科在高一需要大量的记忆和练习作为整个高中学习的基础。高一时带着已经学过一遍的心理优势，再去接触学校课程可以防止学生对这几个偏难学科产生畏惧心理。我们班里就有同学由于高一物理不好而产生了畏惧心理，觉得自己学不好物理，导致恶性循环，结果到高三时由于基础不扎实而无法提分。

另外，对于高中格外繁重的课业量，刷题速度可以决定学习效率。我们班物理老师曾经说，现在的高考比拼的是熟练度。做题量与你的做题速度基本正相关。在学习的初期，做题越熟练，准确度和速度一定越高。当你能比别人更快地完成学校的任务时，你才能有额外的时间留给自己进行整理和总结工作。而在做题这方面体现最显著的就是数理化这三科。一个轻松加愉快的开端不仅能让你的学习形成良性循环，更能让你通过更多的自我总结，使自己的基础更加扎实，理解更加深刻。这样你会在高三时占据明显的优势。

3. 暑假上课应该注意什么？

首先，要找合格的老师，最好是名校的一线教师。名校的教师拥有更好的教学能力和更简明扼要的知识总结，更重要的是他们通常拥有丰富的教学资源。他们不仅能让你最快适应新的知识体系，还能让你在提前学的这一遍里就把做题技巧基本掌握。另外，只有一线教师才知道高考到底考什么，学生到底哪里容易出错，所以他们能进行最有效的教学，而非一线的教师只能是照本宣科，只讲知识对于高考的实际帮助并不大。

其次，要认真听课记笔记。在我上课的过程中，目睹了很多人玩手机混日子的行为，虽然跟我当时上的课过于繁重（上课时间是早7:30到21:00，从中考完第一天开始一直上到开学，开学后的所有休息日也没有休息，持续到高二上学期才结束）有关，但事实上还是有很多大神认真地坚持下来了，有一些人的笔记甚至比班里同学正常上学时的笔记还要认真。这种认真的态度换来的就是开学之后霸占全校前十的成绩。最初的基础和底子很重要。

此外，开学后的心态非常重要。有些同学依仗着自己假期听过了课，在开学后就对学校的课程非常不在意，盲目地认为自己什么都学会了，导致高一的基础不牢，到了高二高三的时候追悔莫及。关于开学后的心态调整在后续章节中我还会详细阐述。

4. 暑假除了上课还应该做些什么？

如果你上的不是那种变态课外班，相信你的暑假生活还会有一些空余时间。这些时间应该用来做些什么呢？

首先，锻炼身体。"身体是革命的本钱"，没有健康的体魄，想驾驭高强度的学习生活是不可能的。在高中三年的学习中，繁重的课业量和来自各方面的压力会不断挑战你的体能极限，一旦你的身体先垮了，一次生病带来的可能是至少一周的低效率。

其次，发展自己的爱好。如果你有考上顶尖名校的目标，那么很不幸地告诉你，你的大部分爱好可能都会在高二就被完全抛弃。原因很简单，人的时间和精力都是有限的。高中三年除了足球和唱歌这两大爱好之外，我的其他爱好基本都被抛弃了。当然，我不推崇"书呆子式"的学习，但是需要明确的是，一两件你最爱的事情就会占据你大部分的课余时间。所以，趁着这个假期好好体验一下你最爱的这些事情吧，接下来的三年你可能就得暂别它们了。这里需要特别提醒一点，游戏并不包含在我刚才说的范畴里。尤其是初中没怎么玩过游戏的同学，暑假就不要入大坑了。《阴阳师》《王者荣耀》这种游戏都是极其耗费时间的，《仙剑奇侠传》《守望先锋》《英雄联盟》这类端游就更不用提了，绝大部分人在高中都无法承受这些游戏带来的时间消耗。

此外，多读书。多读书永远是不会错的，只要不是毫无营养的花边小报和漫画连载，无论是《萌芽》《收获》这种文学杂志，还是各式各样的小说、文集，抑或是《看天下》《财经周刊》这种时事性杂志，都会有收获。在此顺带提一下网络小说的问题，我自己在高中期间看了几部口碑最好的玄幻小说。一方面，看着主角靠自己的努力一步步登上世界顶峰，感觉真的很燃，会对自己的学习积极性产生一定助力（前提是你要用这种眼光看，如果只是看故事那就没有任何意义了）。但另一方面，网络小说过于冗长，自认看书非常快的我，高考后看完《武动乾坤》也是花了一个多星期的大部分时间（从早到晚），这种时间消耗对于高中生是很致命的。我是在高一的暑假看的小说，虽然当时属于时间比较充裕的阶段，但事后想来仍然觉得时间浪费得太多了，所以不太建议大家看。至于都市言情小说，我觉得甚至还不如玄幻小说的正能量来得多，建议女孩子们高中期间不要碰了。

5. 高一上学期

当一个没有作业但是有课外班的漫长暑假结束后，恭喜你，成为了一名高中生。首先向你扑来的应该是——军训。如果你喜欢唱歌，那么这会是你在同学中树立形象的最好时机，嘿嘿嘿。军训我也没什么说的，期间只要学校没有要求，学习可以暂时抛去。这段时间跟同学们建立良好的革命友谊很重要，军训时的好姐妹、好兄弟很可能就是你这三年里最铁的好闺蜜、好基友。

熬过了军训，高中学习生活就开始了。开学初期课业量并不大，但你最好迅速适应高中的学习模式，并尽可能地抓紧时间完成作业。适应得越快，你的优势越容易建立。在最初的一周内，看哪个老师顺眼或者你喜欢哪个学科，就去勇敢地申请当课代表吧！经过三年的物理课代表生涯，我体会比较深的是，我跟物理老师会明显更加亲近，有时候也敢没大没小地开玩笑，这带来的好处是，我在物理学习中遇到困难时，向物理老师求助完全没有心理负担和恐惧感，无形中会增加向老师提问的频率，尤其是学习方法和重难点的突破，会让你受益匪浅。

在这里还要再提醒一次，不要因为开学初的内容你学过并且很简单，就对老师讲课的内容不屑一顾，甚至不听课，这是完全错误的行为。如果你是随随便便就能考进年级前三，高考模拟都能考 660 分、670 分的同学，你可以自由选择听课和刷题，但如果你只是普通的优等生，请你重视听课。即使你在课外上的是名师的课，你也得知道，每个老师传授的东西都不一样。你能听到两个老师讲的课是你的幸运，也是你的优势，但绝对不是你在学校不听课的理由。虽然开学初期的课程可能很简单，但重在养成听课的习惯。高一上学期是适应高中生活的时期，也是你高中学习习惯养成的时期。高一的基础对于高中三年学习的作用是决定性的。

高一上学期的数理化，在暑假有一定基础后就不会对你产生阻碍，这时候你就要尽可能地利用课余时间多做一些好题，巩固知识点。高一的优异成绩不仅是后两年更深更难知识的基础，更是在高中建立信心的关键。我在高一的第一次大考就考了年级 11 名，这让我整个高一的学习生活中，无论遇到什么困难和低谷都能有足够的精神支撑，不会丧失信心。同时，高一的好成绩会让各科老师都对你更加关注，更高的要求会促使你变得更好。

对于高一上学期的语文和英语，我觉得还是要强调听课和阅读的重要性。很多人认为语文老师上课讲课文是没用的，实际上这是完全错误的概念。要知道，高考语文除了作文和为数不多的语言运用题，剩下的全是阅读理解。而阅读理解中那些奇奇怪怪的问题怎么回答？不要抱怨老师没讲过，其实讲课文的时候随口提出来的问题都是提前设计过的、引领你分析文章的，认真听课，跟着老师一起思考，时不时主动回答一下问题，高考语文的主观题其实没什么难的。高考英语更加极端了，除了阅读就是作文，改错基本是白给的，所以我建议从高一开始就养成每天一篇阅读理解或完形填空的习惯，只有提升了阅读量才能让高考英语变得简单。

除此之外，包括语文成语和英语单词在内的所有积累性质的知识，从高一一开始就要行动，并且坚持。因为到了高二高三的时候，真的没时间背，也很难坚持做这种事了，所以越早开始越好。我们班很多同学为了应付学校的测试曾经两节自习课背完 1000+ 的成语释义（我也是其中一员），那是很痛苦的经历，而且忘得也很快。所以还是尽早开始积累吧！

至于高一上学期的生物，一定不要对它怀有轻视心理。生物简单不用学、生物到高三再背背就行，全都是不正确的观念。生物学科的背诵和记忆很重要，尤其是高一上学期《必修一》的学习，从细胞结构到呼吸光合，有大量的知识点需要准确熟练地记忆。如果初期没有养成背书的好习惯，轻视生物，到了高三就要耗费大量时间来弥补，得不偿失。

高一上学期是适应和养成优秀学习习惯的时期，所以一定要让自己尽快进入高中的学习状态。如果想要考入名校，专注、高效的学习是必不可少的。另外，这一学期的各种活动比较多，一定要积极参与，不要只知道一味地学习，毕竟这才刚上高中，在高一高二进行书呆子式的学习是完全没有必要的。多参与活动可以帮助你更快地适应高中生活，并且与同学建立良好的关系。

6. 高一的寒假

这是上高中之后的第一个假期，从这个假期开始，你要意识到，高中的假期并不是完全让你用来放松和休息的。对于大部分同学来说，其实假期反而应该更累。抛开学校的一大堆作业不说，假期应该是总结梳理上学期所学、为下学期做准备的时间。利用假期时间提升自己，才能让自己后面的学习越来越得心应手。

那么高一的寒假应该注意什么呢？无非是根据自己上学期的情况来进行相应的复习整理。

在这里首先要强调的依然是生物。一学期学下来，《必修一》基本结束了，从第一章到第六章，需要记忆的东西其实很多。而当《必修二》的课程开始之后，《必修一》的知识几乎会被扔在一边。当你从铺天盖地的遗传概率分析题海中钻出来的时候，又面临着《必修三》的整本记忆。因此，只有在刚学完《必修一》的时候认真细致地记忆，才能在高三复习时快速回忆并牢记其中的知识点。而就目前全国卷的趋势而言，遗传计算其实并不是必考知识点，但课本原文概念判断却是6分一个的理综选择题。

除此之外，语文的积累和英语的阅读要继续坚持，不能因为放假了就停止，因为这是一个慢功夫。如果在学校时已经讲完了社科文阅读的专题课，那么这个假期也应该保证时不时地做一篇。社科文选择是语文科目中很重要的一部分，而且事实上在高考中基本上是"得选择题者得天下"，所有科目都是如此，这也是我强调高一的基础一定要扎实的缘故。英语也可以趁着假期的时间多听多看，比如著名的TED演讲、CNN等等，扩大视野的同时也能在不知不觉中提升听力水平和英语语感。

在数理化方面，建议大家在假期一方面要对已经学过的内容进行复习和总结，另一方面要针对自己在这一学期里遇到的难点进行练习，最好是挑选一些分章分节的练习册针对某一知识点进行集中、高强度的练习，直接突破难关。

这样既打好了基础又避免了日后对于这类题型产生的畏惧心理。如果这种情况不及时处理的话，在未来的学习生活中会给我们带来很大的阻碍。

7. 高一下学期

高一下学期从寒假结束后就正式开始了。此时的各位高一新生都已经差不多适应了高中的生活和节奏。几乎没有活动的这一个学期是很难熬的，但同时也是很适合学习的一个学期（实际上每隔一个月左右会有一个假期）。这个学期要求我们自我约束力要强，并且更重要的是要稳定心态，不急不躁平稳地度过这一学期。高压力和高强度的课业量很容易让刚刚体验到高中学习生活的学生产生厌学和烦闷心理。这一学期如果能够踏实地学习，跟上老师和学校的节奏，就能让自己有一个稳定的提升，一旦成绩有所提高，对下一学期的自信心和学习积极性无疑是有帮助的。反之，如果这段时间由于自己不能忍受枯燥的学习生活而对学校的课业反感、厌学，成绩下滑也会很快，而错过了这段时间之后，再想奋起直追就很难了。因为在逐渐变难变深的学业中，课程之间环环相扣，有一段处理不好就会形成恶性循环，导致整个知识体系出现问题。

语文和英语的学习一如既往，事实上在这三年之中，积累和阅读是贯穿始终的。语文和英语是慢功夫，不是一朝一夕可以提升的。当然了，对于语文的学习，这时部分学校可能已经开始有一些针对性的专题讲解和练习了，比如病句、成语、图表概括、社科文阅读等等。如果学校已经开始了这类练习，那么建议大家对自己掌握得不好的部分进行强化练习。

一般来讲，专题的讲解之后老师会默认你已经掌握了这类题目的解答技巧，而由于老师要保证在高三复习前结束课程讲解，所以一般不会再有重复的练习。如果不能在学的时候自己加强的话，再等学校的练习就是高三的时候了。但高三是理综突破的关键时期，把语文的突破放在高三显然是性价比很低的不明智选择。比方说，病句是常年的必考项，当老师讲完病句专题后，你还是时不时地做错病句题，那你就应该利用某个周末或者让家长帮忙，搜索一些近几年高考的病句题，进行针对性的大量练习，以达到突破难点的目标。要知道，这种"小题"在高考中的意义很大，选择题是拉开语文分数档次的重要因素。选择题做准了再力求阅读答题的细致全面，才能有效地拿到一个较高的语文分数。

特别要强调的是，一定要足够重视语文和英语在高一高二的学习，甚至要比其他科投入更多的精力。这是因为语文和英语的学习是一个长期的能力培养和知识积累的过程，不是一朝一夕可以提升的，但数理化生完全可以通过刷题让你再次有所提升。这种差异导致大部分学校和老师会在高三把授课和练习的核心倾向于数学和理综，尤其是理综。在这种大环境下，你没有时间再去慢慢积累语文和英语的能力，只能依靠高一高二的基础，通过做题来提升熟练度和准确性。高三之后，语文和英语将会为理综让路，而你若是反学校的计划而行，那你很难学得轻松。

数学学科在每个学校的教学安排里都不尽相同。但可以肯定的是，题目一定是由浅入深的。但是它好在每个板块相互间的关联都不大，在高考中也很少有相互糅合的题目。这要求我们对每个板块的学习都要认真投入，对于自己不够擅长的部分在周末和假期进行有针对性的集中练习。到了高二时，当数学学科的高考重点基本讲完后，平时考试的题目基本就会以综合卷的形式呈现。此时如果有哪一部分掌握得不够好，就会对整个试卷的成绩产生影响。因此对于高一高二每个知识板块的掌握都要用心。此外，在高一高二的时候，数学用刷题的方式是可以提分的。虽然我不提倡大量盲目刷题，本人也很不喜欢刷题，但有针对性地提升题量是有必要的。尽早让自己的做题效率得到良性提升才能让未来的路更加平坦。

物理在结束了运动学的学习之后，就是天体问题和机械能。这两部分也是高中物理非常重要的部分。尤其是机械能学完后带来的运动学大题和后期与动量结合的大题，十分考验物理思维和计算能力。同时这部分的学习成果也会对后续"带电粒子在电磁场中的运动"的大题产生影响。所以圆周运动、机械能一定要认真学好，这两部分也是比较难的。对于这段学习，我建议多找物理老师沟通交流。从某种意义来说，物理学科是最考验思维的学科，所以一时遇到困难是很常见的，有问题就去问老师才是正道。

另外，从这个时候就应该开始尝试总结常见的物理模型了。当然，有些老师会在讲课时专门讲一些他自己的总结，这些总结都是很重要很典型的模型，一定要好好理解记忆。掌握常见的结论和模型是很重要的，比如圆锥摆模型、传送带模型等等。这些模型和其中的二级结论会让你做物理小题的速度提升一个层次，也会让你有更多的方法去检验自己大题的正确性。

化学《必修二》是选修课程的预演，也是选修课程的铺垫。其中涉及的电化学、有机化学等部分都是会和选修课本内容相呼应的。所以《必修二》是一个打基础和适应的过程，也要认真学习。在这本书入了门之后，选修学起来会更加轻松。而且这部分内容整体来讲不算很难。

生物《必修二》是比较偏理科的部分，更多的要求思考和推理，我本人觉得挺有意思的，但要注意的是不要忽略了书上基础理论和基本概念的记忆。高考不可能出你做过的题，只有完美掌握书本上的知识才能完美应对高考。做遗传计算题的时候不要贪快，一定要一点一点地列出配子概率再进行计算。认真做对比快速做完重要得多。现在的高考遗传题越来越偏向分析而不是单纯的计算，所以把握本质、锻炼思维很重要。

8. 高一的暑假

这个暑假依然是总结回顾和提升自己的最佳时期。期末考试不能说明全部问题，但一定能暴露出某些问题。

如果你考得很好，处在班级甚至年级很靠前的位置，那么我相信你一定知道自己此前的学习有哪些地方的不足。这一点很重要，我们一定要时常对自己的学习生活进行反思。这不是传统意义上老师留的那种考试总结，不需要措辞严谨，甚至不需要很长时间。就在课间发呆或者坐在书桌前面不想写作业的时候，脑海里快速地问一问自己，各科最近学得怎么样？你一定会有一些很突出的知识点学得不好，它们并不是一个章节或者一本书的问题，可能只是生物书的一个知识点总也记不住，或者是数学的某种数列题通项总是求不对。对于这种情况，想到了一定要找出书本或者笔记好好看一看，再把这个知识点夯实。如果依然觉得记忆不牢，可以选择《高考必刷题》或者《龙门专题》这种书进行针对性的巩固练习。对于考试中不算多的马虎错题，也要像下文的第三种情况一样进行准确性练习。

如果你考得不好，上面的工作依然要做，跟考得好的同学一样。不过除此之外，还要自己认真琢磨你考得不好的科目为什么考得不好？这个长时间的思考过程在坐车回家的路上、晚上睡觉之前躺在床上进行都可以。这不需要正式的场合，也是自己胡思乱想式的思考。然后你无外乎会得出以下几种结论：第一种最好办的就是：这科有一部分我就是没学会。这种情况只需要找个一对一老师或者自己在家好好研读一遍课本和同步练习册，并辅以足够的题量就可以了。当然，这种情况也很痛苦。为什么呢？因为你这部分在学校就没学会，再来一次的时候做题依然会遇到很大困难，做题也会很慢。但是这时你一定要坚持住，一直坚持到你有一种恍然大悟的感觉，心里产生出"啊，这种题也就这么回事儿，没什么难的，我会了"的感觉。此时你才真正掌握了这个知识点并且克服了心里的恐惧。第二种：我时间不够。这个也好办，但是更难受：大量刷题就解决问题了。题目都会只是做题慢的同学，实际上是欠缺了熟练度。如果只是某一部分做得慢，那就专刷那一部分，如果是整个卷子普遍做得慢，那就在假期做一些综合卷，疯狂刷一些题，情况很快就会好转。第三种：我马虎大意。这个问题每个人都有，但是如果因为马虎大意错失了几十分就是个大问题了。之所以最后说它，是因为它最难改正。解决的方法就是在假期多做小题，而且强迫自己提高准确率。我的观点是重复检查答案意义不大，性

49

价比最高的方式就是提高自己一遍做对的准确率。

除了对考试的反思总结之外，复习巩固和适当预习依然是假期的主要组成部分。如果没有巩固补强的过程，到最后会非常吃亏。

9. 高二上学期

物理从电学部分开始就正式进入了攻坚克难的阶段。一方面来讲，电磁的知识点比较杂，需要记忆和理解的部分很多，所以学习的时候容易感到吃力。另外一方面，电磁学的题很多时候要结合之前的受力分析和运动学的知识一起解决，对于这种知识点杂糅的大题，大部分高中生都会感到棘手。除此之外，物理电学实验涉及很多误差分析和仪器选择，看起来与初中学过的内容有所类似，但实际上差距很大，也是高考物理中很重要的难点。对于物理实验题的知识，没有认真踏实的记忆学习和对实验原理的深刻理解是很难完全掌握的。所以在电磁学这部分一定不能放松，要比之前更加投入地研究物理。对于任何自己想不明白的问题，一定要及时找老师询问，不要怕丢人。

其他科目也是如此，到了高二之后各科的难度都开始有所提升，遇到看答案都不懂的题是很可能的事情。虽然有些老师可能会因为你对这个知识点记得不好而责备你，但大部分情况下老师都会认真耐心地给你解答。如果实在怕老师责骂，我建议先问问身边的同学。我上学时可以说大部分的疑难都是身边同学解答的，一是因为我身边的同学们都很优秀，甚至很多同学到了高三的时候水平已经跟老师接近了。二是身边的同学一般都会从做题人，也就是学生的角度来给你分析，这样的分析更简单易懂，也更容易让你找到自己的问题所在。三是很多时候并不是这道题你不会，而是进入了一个思维误区，就像一直在迷宫的一部分转圈一样，陷入了思维怪圈，或者是某个很小的知识点、公式忘记了，这种时候往往只需要同学的一句话你就会幡然醒悟。如果身边同学也无法解答，或者你觉得同学的解释都不能说服你时，你就可以放心大胆地问老师了，这种问题通常是很有质量的。

化学结束了必修的学习之后，就进入了选修的大坑。《选修四》是重中之重，每年有一道原理题是必考的，但其实只有刚接触的时候觉得难，高三后期模拟题做多了就不觉得难了。等效平衡可能会让很多人觉得很缥缈，但实际上只要把握住化学平衡的核心——平衡常数来理解，就没那么难了。可以说，高中范围内所有的化学平衡问题都可以用化学平衡常数的理解和计算来解决。掌握了核心之后加以运用，其实《选修四》并没有初学时看起来那么难。平衡常数的计算公式在那里摆着，把数大致带进去一判断很容易就知道是正向移动、逆向移动还是不移动。希望对这部分知识点有障碍的同学能够自己多仔细地思考一下平衡常数的运用。此外，热化学的焓变计算一定要熟练。就全国卷而言，几乎所有的计算题都会从《选修四》里面出。盖斯定律的简单计算、反应常数的计算、化学滴定计算几乎覆盖了高考所有的计算题。所以《选修四》一定要好好学。

生物《必修三》的知识点依然是需要记忆的。从最开始的生命系统调节到最后的生态部分，每一节都有大量的记忆点。这本书与《必修一》的要求基本一样，都是充分理解记忆书本的基本概念和基本理论。所有的题目，都最好是从书本知识出发进行联想和解释，如果一味地"我以为"，就很难保证准确率。句中的填空也是如此，很多时候不是你的答案不合理，只不过出的是书上原句，你必须用书上的原词术语回答，非标准答案有被扣分的可能，所以要尽可能让自己的答案贴近书本。

数学解析几何题是很多同学的梦魇，但是我个人觉得这个题目并没有大家想象中那么难。全国卷的解析几何大题基本上就是两问或者三问。下面以三问为例。

第一问几乎都是根据题中的条件求解图形的表达式或者图形的形状。这一问的难度是最简单的，属于学过就能拿3分的。这里一是要注意求解的准确性。因为这个问求出的曲线往往就是后两问的基础，一步错步步错，第一问算错了整道题都废掉了，所以一定要认真检查。二是平时要注意一些曲线的特殊结论和第二定义。类似于"到两个定点的距离和为定值就是椭圆"这种结论，因为有时要先判断图形才能想办法求解表达式，如果不了解这些特点就容易卡在第一问。三是要注意答题的严谨性。很多时候并不是整个的圆锥曲线，而是要从中除去某个点，这个点的判断通常会值一分，丢了很可惜。

第二问通常是一个中等难度的求解。绝大多数情况下会简单地应用到韦达定理。通常套路是给定一个有未知量的曲线，通过设出曲线联立整理得二次方程，用韦达定理进行对指定未知量的求解。这里除了要注意部分时候把直线设为my=x+n的形式会使计算更简洁之外，便不需要过多思考，就是踏踏实实地联立求解，力求精准和快速。又快又准是我们求解解析几何题的目标。

第三问一般也是这个套路，只不过一方面可能会涉及多个变量，另一方面，一般要求证某个量是定值或者某个图形面积、某个线段长度的最值。实际上依然是在计算量上下功夫，考验学生是否能把庞大的解析式整理好。这部分需要注意的一个是求目标量的大解析式力求简洁，怎么设点设直线式子短，就怎么来，不要怕未知量过多，因为大部分情况下都是可以约去的。另外就是在求解最值时要注意基本不等式的应用。市面上的解析几何大题中，有近一半题目的最后的表达式是一个分式，分子分母中有一个是二次式，有一个是一次式，要以这一次式为一个变量除

51

过去，变成一个基本不等式的形式求最值。这里我如果描述得不够清晰，希望大家在做题时自己体会，或者可以问问你的数学老师。额外补充的一点是，很多式子的最值都不是说取就取的，在自变量的取值范围上一定要多做考量。

总的来说，解析几何是一个考察含未知数的解析式计算能力的大题，而计算这东西只能是熟能生巧。多练习，尽可能要求自己不算错是唯一的途径。不要因为它的式子长，变量多就对它产生恐惧心理。这样的话你永远也不能掌握解析几何大题。

10. 高二的寒假

这个寒假依然是跟之前类似的套路，反思考试、总结整理所学、有目的性地刷题和练习，是每个假期必不可少的元素。

在这个寒假，寒假作业是我要说明的一件事。经历了两个假期之后，你可能会发现，很多时候学校发的作业是不会检查的。在这里我当然不是鼓励大家不写作业，用假期时间可劲儿地玩，我只想说，如果你有明显的弱项或者偏科的现象存在，我建议你放弃一些寒假作业，对你的弱点进行补强。因为学校的作业不可能照顾到每个人的实际状况，因此只能是科科平等，还要确保你的假期被作业占满，防止你假期贪玩不学习。但是如果你是一个一心向学的孩子，那么我建议你可以把假期作业当作辅助，把自己的目标放在首位。因为此时高中生活已经过半，各科的知识学习也已经到了最后关头。高三复习一般从高二下学期中旬就会全面开始，也就意味着此时你学习新知识的时间只剩下了最后的半学期。而在高三复习之前，如果你依然有十分薄弱的学科，那无疑会影响你高三复习的效率。高三复习时学校的频率和课业量都会达到一个很高的程度，那时候的自主学习时间将会十分有限。在学校安排的压迫之下，你根本没有时间再去突破你薄弱的部分。因此在这个寒假，如果你觉得自己某一科经常拖后腿，请你放弃一部分其他学科的作业，再自己补充这一学科的习题，尽可能地把这一学科提升起来。

这里特殊强调的还是语文和英语。高三复习一开始，语文和英语就不会再是占用你时间最多的学科了，等到理综的练习开始时，语文和英语更会大幅度让路，这意味着到时候你将没有足够的时间和精力来提升能力。所以趁着高二的时间，希望你能多跟老师交流，多背多记多练习，在高三之前把语文和英语的水平稳定在一个中上的水准。不是说高三后期语文和英语不会提升，而是那时候充其量只能提升准确度，不能提升你真正阅读理解的能力，所以提升的空间并不大。与之形成对比的是，理综的科目可以有大幅度提升。所以提升语文和英语的水平一定要抓住这最后半年的机会。我们班里就有很多到最后100多天时，数理化生特别强，然后一心扑在语文和英语上成绩也提不上来的人，希望大家引以为戒。

11. 高二下学期

数学最后的压轴题就是导数大题了。其实对于这道大题，我的建议也并不多。导数大题同样也是两问或三问。下面依然以三问为例。

第一问，要么就是直截了当地让你求导函数表达式，要么是告诉你导函数在某个点取零，让你求这个函数式里的某个未知参数，再不就是给个已知的函数让你求它的最值和单调区间。这一问也是属于学过就能得3分的题，主要就是注意认真一点，不要算错，函数求导的公式要记牢。

第二问，通常也不会太难，一般是一个求最值的问题，可以通过参数变量分离或者分类讨论的办法解决。参数变量分离时，注意分母是否可能取到零，如果能的话一定要单独拿出来讨论。分类讨论的情况要注意用某些特殊点的取值缩小待求量的取值范围，以减少讨论的种类和避免讨论中无法判断单调性的部分。这一问里很多时候要求多次求导，一定要求得准确，同样是一步错步步错的道理。

第三问一般就比较开放了，是高考卷中压制满分的一问，如果你是一个中等生，没有能力冲击北大清华的，那就可以适当放一放这问，不用要求自己非得全做上。因为对于除了北大、清华之外的学校，考生数学在142分以上完全够用，不会拖你的后腿，你的目标就是保证其他的题目都不出错，剩下的时间也可以用来检查前面。当然，如果你时间十分充裕，信心也比较足，也可以思考一下最后一问，能得分当然是最好的。对于势在必得一定要考清华、北大的同学，这一问不能轻易放过，因为这一问才是显现你跟别人差距的部分，但切记不要过于执着，如果实在没思路，一定要回头保证前面题目的准确性。最后一问用半个小时多得4分，前面一道选择扣5分，这个性价比是显而易见的。

语文和英语已经说了很多次了，这也是最后的提升时期，千万不能让语文和英语成为你高三后期的弱项，这样你会相当被动。

物理选修部分本来是比较简单的部分，但从今年开始动量变成了必考知识点，而由于动量知识的特殊性，它可以完美融入到各式各样的物理大题中，和机械能结合、和带电粒子在场中运动的结合、和电磁感应定律的结合都很让人头疼，所以一定要在讲动量部分时认真学习，打好基础。除了大题之外，动量的选择题也是很容易出错的，理解不深刻的话就很难保证准确率。所以一旦有理解上的问题一定要及时跟老师探讨。

化学《选修三》和《选修五》各有优劣，就平时做题而言，有机化学的题目更活，而结构化学的题目相对固定，但在高考中更容易出现无法预料的题目，所以稳定性不如有机化学。不管学的是哪本，只要认真学，认真体会，高考选修达到12分以上都是没问题的。好学生甚至可以追求平时所有的选修题都满分。另外，如果学校两本书都讲的话，建议大家两本都要好好学，因为你不知道哪本会更适合你。

生物选修也是两本书各有优劣。从我们学校的情况来看选择《选修一》的人要更多一点，但是我选的就是《选修三》。从基本要求上来讲，选修两本书没有差别，一个字，背！但是具体来讲，《选修一》今年又删去了一大部分，使得《选修一》的课本内容变得格外的少，但与此同时要求也是尽可能地把书上所有内容一字不差地背好。而《选修三》虽然书上内容比较多，但其要求是大致背下来内容，把重点步骤的关键词进行准确记忆即可。像动物细胞培养的部分，将"细胞贴壁""接触抑制"等词语记忆准确，熟练掌握步骤流程即可。所以这两本书的选择因人而异，也因校而异（部分学校只讲某一本书）。我建议有能力的同学在主背一本的情况下不要完全放弃另一本，因为高考时指不定哪个选修就会非常简单（比如去年全国二卷的《选修一》），这时你只能答那个较难的题肯定是很吃亏的。

选修学完后，高中的课程内容就全部结束了。在高二的最后一个月，传说中的高三复习就会全面铺开。最后这一个月，希望大家能认真听老师的复习课，尽可能地跟紧同步练习册，以适应一轮复习的形式和节奏。

12. 高二的暑假

倒数第二个假期了，还玩？算了吧。如果你想有好成绩，从现在开始你可能就需要放弃很多东西了。

这个假期，对于作业什么的我依然持保留意见——也就是说，能不做的可以不做了。刚才已经说过了，这个假期不能再玩了。那放弃部分作业之后，我们需要干点什么？

答案是，一轮复习的练习册。

一轮复习是一个全面细致地回顾你高中两年来所学的所有内容的过程，相当于老师用4倍速给你重新讲一遍高中课。4倍速会带来什么呢？除了你看上去非常眼熟的课程内容之外，还有远多于之前的作业。从一轮复习开始，练习册的负担将会非常繁重。以我们学校做的《全品》系列复习资料为例，在一轮复习时每一科都有一本"听课笔记"和一本"课后习题"，而事实上两本都是一大堆题的练习册。在我们这种考出 25 个清华北大生的班级，我看到的现象是，能在一轮复习后把所有练习册同步跟上的人，屈指可数。在学校试卷、学校考试、语文和英语的作业的压力之外，数理化生的 8 本练习册简直是生命不可承受之重。但是一轮复习的大本又确实十分有用。这个时候我建议你在这个假期"狂刷"练习册。

当然，"狂刷"并不意味着为了刷而刷。这么多科练习册，选择哪本开始？选择你最弱的那科。我当时是生物不好，于是在这一个假期把一轮复习的练习册刷了一大半，一方面来讲，开学后成绩的提升效果是十分明显的，另一方面，也减轻了我的一些课后负担，让我有更多的时间对生物学科的知识进行记忆和总结。不管你哪科弱，请你拿着学校的一轮复习大本，一头扎进去，做题。

为什么我要格外强调一轮复习的练习册？拿到手之后大家可以翻阅一下手中的练习册，绝大部分的一轮复习练习册都是以知识总结和知识填空为起始，以题型练习为终结的模式。而这些练习册上的基础知识部分是你巩固基础的最好参考。在这里强推的就是《全品》的一轮复习系列。这是我到目前为止在市面上看到的总结得最好的一轮复习材料。如果学校没有订，建议大家想办法去买一套，其总结之详细和题型的归纳是目前这类材料里首屈一指的。

也正是因为这里有大量的总结，所以不能盲目刷题。一定要遵循："看书、看笔记——熟悉内容——填写基础知识——阅读体会练习册的总结和方法——把你觉得特别好的补充在书上和笔记里——把题刷完"的大套路进行做题，否则就跟开学后为了完成老师布置的任务而盲目赶题的区别不大了，盲目赶题是完全无法在一轮复习中收获最大效益的。

在这样自主进行一轮复习的过程中，你会清楚地意识到你的知识点哪里存在漏洞，一个假期做下来你会有收获满满的感觉，也能帮助你在接下来的时间里建立学科自信。我建议，如果有能力的话，假期多搞几科，开学之后你的优势会很明显，而且你这几科只需要做"课后练习"小册子的话，也能保证你的学校生活不会手忙脚乱、完不成任务。

对于觉得自己某一科虽然没有什么特别的弱项，但就是分数不高的同学，除了刷一轮复习的练习册之外，可以选择做市面上此时的模拟题（一本里面好几十套最新模拟题的那种）。我在这个假期的时候，由于学竞赛的关系，对课内的数学不太熟悉，一直找不到状态，几次大考都是只有 120 多分，于是我放假后每天上午定时做一套数学模拟题并进行仔细批改，连续三周做了近二十套题，开学后一直稳定在 145 分左右。这跟我本身数学基础好有关系，但我想说明的是，这种全真模拟试题的训练如果数量足够的话，是可以解决刚才我说的那种同学的问题的。

我当时的这个假期基本就是，每天上午做一套数学模拟、一套理化生某一科的单科模拟，下午的时候在桌面上摆上书、笔记和一轮复习练习册刷题。一个假期下来，我的水平提升是非常明显的。

13. 高三上学期

  高三开始啦！当你开学的时候，实际上距离高考已经不足 300 天了。刚刚开学你也不会有任何不适感的，因为你根本没有功夫产生不适感。突然加大的课业量和突然增加的上学时间会让你没有空闲产生不适感，只会一头扎进忙碌的高三生活中。你可以无奈，可以腹诽，也可以跟爸妈诉苦（如果你的爸妈善解人意并且很温柔的话），但是不要抗拒，不要排斥，不要烦躁，你只能接受，因为这就是高三，这就是你人生中最重要的历练之一。高三实际上比的是心态，谁的心态能一直平稳，不骄不躁，不慌不忙，冷静认真踏实地做好每一道题，答好每一份试卷，谁就是能笑到最后的人。只有在这种环境中坚持下来了，最后的成绩才会给你一个满意的交代。

  到了高三，最主要也是最重要的事情就是刷题了。虽然我们不支持题海战术，但是大量地做题仍然是高三学生必要的经历，只是"过量"地刷题不可取，但是大部分人做的题根本就还没有达到应有的数量。而且在高三阶段做题带来的收益是十分显著的，尤其是那些没有从高一开始就每天玩命刷题的同学们，你们会非常清楚地体会到，刷题的数量很大程度上可以决定你考试的成绩。所以，把时间投入在刷题上是一件肯定不亏的事情，放心大胆的刷题吧。

  当然把时间大量投入在做题上，指的是课间休息的时间、中午午休的时间、晚上自修的时间、回家之后的时间，并不是上课时间。这里要尤其强调听课的重要性。为什么一轮复习的时候老师们要从头到尾再给你讲一遍高中课程？无非是因为随着时间的推移，你对课程内容的记忆和细节的理解都会出现偏差。即使你时不时地还会回头看看以前的笔记，到高三时也已经忘记很多内容了。听老师再讲一遍熟悉的课程和重难点是很重要的帮助你回忆的过程。这种关于重难点和细节的强化是十分重要的。搭配上课后大量的练习，都是在为最后时期的全卷模拟做准备。自己一味做题而不听课是很难取得好的效果的。

  另外在刷题的时候还要注意，不要把自己变成一个只做题不思考的"机器"。这里的思考不是说你每做完一道题都停下来想几分钟，而是力争把所有拿到手的题都尽可能地做准做对。最明显的一点就是，在面对很难的问题时，你是选择仔细想想认真做做，还是排除两个之后蒙一个选项？如果你是后者，那就说明你已经对做题麻木了。这样刷题的意义就已经不大了。所以在做题的时候一定要时刻调整心态，累了可以看看窗外，或者去走廊走一圈放松一下，除了数量之外，质量也必须保证，就是所谓的"做一道就是一道"。而且，每次遇到了让你眼前一亮的好题或者知识点、方法你不太熟悉的题，一定要做好标记。我的方法就是用荧光笔在题目的标号上涂一下，或者在那个值得思考的选项上涂一下。做好标记之后，目的是在晚上回家或者写累了的时候，拿出来想想白天老师是怎么分析的这个选项，让自己有所体会，有所收获。我们物理老师曾经说，如果你算上老师特殊讲解的题目，加上你今天做错的题目，一共有十个题让你有收获，每天每科有十道的话，你把它们都理解了，一个月之内你的水平就会提高一大截。

除了刷题和听课之外，适当的体育运动也是必要的。高三可能没有那么多的时间进行大量的运动，但保持身体健康仍是必要的。吃完饭在校园里散散步，或者在体育课进行一些适当活动都是很有意义的。劳逸结合才能让效率变得更高，更何况，在高三艰苦的生活中，在压力和疲劳之下，你身体的免疫力水平会降到一个前所未有的低谷，感冒、胃肠炎会很容易发生，而一旦生病请假，就会影响学习效率，因此适当的锻炼是很有意义的，千万不能为了刷题而放弃了所有的活动时间。

上学期不仅会进行一轮复习，还会进行二轮专题复习。二轮复习同样是刷题的过程，所不同的是，老师会把题进行总结归类再呈现出来。此时如果你之前没有刷够题量的话，很难有自己深刻的体会。而刷过足够多的题之后，再经过老师的提点，你很容易就能发现一些题目本质上的相同点。而掌握了一些模型和题型的特点之后，做这些类型题的速度就会再上一个台阶。同时，除了老师的总结之外，自己最好也能抽空进行一些整理归纳。自己总结的东西总是更容易记住的。

14. 高三的寒假

这是你高考之前的最后一个假期了。这个假期，学校发的作业有很多就真的可以放在一边了。当然，如果你没有自己具体的目标要提升哪一科的话，也可以做学校的作业，因为学校发的题质量一般都还是不错的。不做作业的话，这个假期应该怎么过呢？首先要推荐的是168（《全国名校名卷168套优化重组》），这是一本题量很大但是题目质量很高的练习册。我的建议是，理化生哪科弱，就买一本这个，把它刷完。当然，这个题量还是相当大的，刷之前也要做好心理准备。这本练习册是以章节专题的形式呈现的，然后在最后还有十几套综合题，如果你只是哪一部分还有欠缺的话，也可以买来只做某几个专题。做的时候依然要强化自己把题目做准的意识。小题做准了才能得高分。

从二轮复习结束的那一刻开始，你就要建立"小题做准"的意识。这在高考中是非常重要的。一个正常理综270多分的选手，一旦不小心多错了一个选择题可能就变成了260多分，对于要考清华、北大的学生，小题更是致命的，理综选择题错了两个以上就基本告别680分了。语文也是如此，全卷的选择题只错一两个的人，起码都是125+的成绩，英语更是全卷选择题。所以"小题做准"在高三的最后时期相当重要。在寒假的时候就要开始有意识地训练自己。

除此之外，在寒假期间一定要自己做理综和数学的模拟训练，最好是能跟高考时间同步对位的。上午9：00到11：30做理综，15：00到17：00做数学。理综虽然看起来是把三科的卷子糅合在一起，实际上难度远比简单拼凑要难得多。这里还要考虑到时间的问题。任何人刚刚开始做理综的模拟题时都会觉得时间不够用。理综要想提分，一方面是要不断地对理化生三科的知识进行查缺补漏，另一方面就是要不断地通过限时的模拟训练达到适应的效果。在这个假期你比别人多做十次模拟，开学之后你就可能比别人答题快十分钟。模拟的目的除了适应节奏之外，也是通过完整的试卷来反映出自身不足的部分，从而达到查缺补漏的目的。"金考卷"系列和"高考必刷卷"系列的模拟题有很多质量都不错，遇到错题要及时进行总结整理，做到每一套试卷都有收获。

在挑选试卷的时候，其实无所谓好坏，基本上在老师、同学、学长、学姐们口中经常提起的模拟题都可以用，主要就是看你喜不喜欢它的排版……看着顺眼就买回来做几套，做几套烦了就扔到一边，再去书店买一本别的。总之，始终有心情且有题可做很重要。

15. 高三下学期

这是最后的冲刺期了，这个时候满天的模拟试卷和考试将会扑面而来。我的建议只有一个，就是坚守本心。你的心中始终要明确，自己需要什么，自己该做什么，而不是一味地被题海淹没，无法脱身。自己需要做的就去做，到了最后的100天，你的学习应该由你自己规划。理综不好，就多刷几套理综。数学不好，就少做点其他的，多刷几套数学。语文不好的……也可以买模拟卷回来专刷选择题。英语不好的，可以针对阅读、完型或者改错进行一个周末的高强度训练。

我有一个同学改错做得不好，用一个周末刷了70多个改错，从此就不愁了。刷题是确定的事实，但是一定要有针对性，有目的性，要高效。不要把时间浪费在提分困难的部分，哪个好提分就先刷哪个。

在一套一套的试卷中，如果你用心做了的话，就会发现也不过如此。从倒计时100多天开始，我们班的化学老师就秉持着每天至少一套化学模拟题的原则，给我们搜罗好题。做了60几套之后，我心中就会生出一种感觉：其实模拟卷的形式、格式、出题套路、考点也就是那些东西，发卷一看就是"果然这样"的感觉。这也是大量练习模拟题的目的之一。适应和熟练度是很重要的。

最后的阶段你可能会很疲惫，可能会坚持不住，但是你要知道的是，谁能在这种时候不心浮气躁，不着急不紧张，保持状态稳定，谁才是最后的赢家。心态、心态、心态，重要的事情说三遍。如果你感觉没有学习的动力，恨不得明天就高考，那你可以找个周末去看看你心中的那个学府，你也可以到网上跟那些清华、北大的小哥哥小姐姐聊聊天，你可以采取各种各样的方法，但是你一定要保证自己能够不骄不躁，还不失去斗志。

在最后40多天的时候，我深切地意识到，我们学校的日程不会给我们再留有自我复习的时间了，于是我选择了极端的放弃学校课业的方式。如果在最后的50天里，如果你有一种"我深刻地知道自己xxx地方还存在很大问题，但是学校的作业、课程和考试没有给我留时间补救"的感觉，我建议你直接放弃学校作业。老师这个时候一般也不会查得太严了，如果有老师查得严，那抄一抄就是了。我的时间都用在了自己的补弱上。

我去书店选购了几本理化生的"天利三十八套"模拟题总结，之所以买它是因为它前面有一个知识点对应题目的表格，然后在这个表格中勾选出自己依然掌握不好的知识点，交给家长处理。我让家长做了什么呢？我让他们根据表格找到我勾画知识点对应的题目，然后把这些题目剪下来贴在A4纸上形成了一个个小专题的题库。市面上的那些专题练习册也不是不好，而是题目太多太杂，又综合了新题旧题，不好处理。这样的小专题每个都只有二三十道题，而且都是近半年内全国各地的模拟题，质量很高。先复习再做题，不会的直接到办公室问老师。这种时候就没有面子问题了，不会就去问。如果发现某个确定的小知识点总出错，再去买《一遍过》《龙门专题》这种书，找到那个小知识点，把对应的练习做完即可。

这个想法也是当时我的灵机一动，它的诞生来源于两方面。一是对理综提升的渴望。当时的我一直保持着每周末做理综对位练习的习惯，加上学校的考试和作业，基本上每周都有5-7套理综模拟，但理综却在270~280分之间徘徊，无论如何也提不上去。这时候我想，这不是熟练度的问题，还是有哪里不过关，才导致了这种明显遇到瓶颈的感受。就像玄幻小说中，突破需要契机一样，我觉得我也得给自己找一个渡过瓶颈的突破口。二是来源于生物老师的建议。当时李老师建议我们，周末如果做题做烦了，可以经常去到书店走走。有时随手翻到了看上去不错的练习册就可以买回来做一做。于是我在书店中萌生了这个突破的主意。事实证明，我当时的感受是对的，就是一个差一步突破的过程。我针对化学和物理的几个板块进行了专项的突破，证实了这个板块找对了办法十分简单的道理，我做这部分专题的时候，几乎每一道都会被卡住。做一道错一道，这说明我找对了。而在一个月的定向突破之后，我理综模拟的分数直接蹿升并稳定到285+，甚至摸底考试直接达到了292的绝对高分。这说明我的办法确实卓有成效。

在最后的几十天中，除了自己的针对性突破，刷题（多数情况下是刷整套的模拟卷）几乎是唯一有效的学习方式。由于时间的限制，此时已经没有时间留给我们从头到尾地回顾高中的知识来查找自己的问题所在了。所以最有效的办法就是在一套套的综合模拟卷中找到自己的问题，并进行针对性的查缺补漏。每套卷能收获两三道题，在最后的几十天中你就会有一个成绩的有效提升。但是要明确的一点是，没有人能够做到面面俱到、每个知识点都会。我们能做的只是尽可能地在高考之前查缺补漏，你补了的高考可能不考，没照顾到的也可能不考，高考能考到的知识是有限的。所以不要惊慌失措，觉得自己好像还有一大堆知识点没复习到，感到慌张，也不要觉得复不复习就这样了，自己保持现有水平就行。后一种心态尤其要注意，很多人在高三后期的焦虑中很容易产生这种心态，但实际上，这种时候"保持水平"就会意味着退步。在最后冲刺阶段比拼的是手感和熟练度，放松不得。用固定频率刷固定的整套模拟题来训练精准度是很重要的方式。

16. 高考前的最后准备

最后一周，要保持一种玄妙的状态。既不能过度紧张，过量复习，也不能松松垮垮，整天混日子。最后一周来临时，应该先想想自己哪里还有明显不足，适当安排好自己的时间并进行有计划地、有条不紊地复习。这种时候切忌慌乱，一旦慌乱不仅会影响学习效率，更会动摇自己考前的信心。如果感觉没有什么特别需要复习的，那就每天按时做一套全真模拟，重要的不是分数，而是要利用模拟题保持手感，维持一种兴奋的考试状态。同时要保证自己的信心，比方说此时再纠结难题已经没有意义，有不会的题就告诉自己这种难度超出了高考难度，有做错的题就告诉自己高考认真答肯定不会这样。而如果遇到很顺手或者很简单的题，更可以借答出的分数给自己建立信心。高考比拼的不仅仅是知识掌握，更是心态和发挥。轻松自信的心情可能会帮你提升十分甚至更多。而紧张和不自信只会带来马虎和卡壳等诸多失误。

另外，最后一周不要让自己的心情产生过大的波动。平稳的心境可以避免高考前的过度紧张和考时的发挥失常。家长要注意不要与孩子产生冲突，学生本人也可以多方面进行调整。我当时感到很烦闷就会去校园的花园里听听歌、散散步、呼吸一下新鲜空气。自己调整，让自己保持最佳状态，是对自己负责。这种时候更多的就需要依靠自己了。

在这段时间也要抓紧对高考做好充分准备。预定考场附近的宾馆、买无声高考的衣服、整理好高考前最后几小时打算要看的资料、复印好准考证等等。做好充分的准备才能尽可能避免考场上出现意外。在高考中一旦出现意外情况就很容易大幅度影响成绩。当然，一旦出现了也不要慌，稳住心态安心考试最重要。大学只会看你的成绩而不会问你是否出现了意外情况。所以不要让任何因素干扰了你的备考心情。

17. 高考啦

放松考，相信自己，期待接下来漫长的假期吧！

18. 写在后面的话

我不是一个传统意义上的学霸，更不是闭着眼睛就能学好的大神。所以这是一篇来自普通学生可作用于普通学生的经验谈。当然了，我觉得别人的学习经验毕竟是别人的，仅能用作参考而不能全程照抄。在高中，拥有一套属于自己的、最适合自己的学习方法最重要。我只能尽可能地提供一些阶段性的意见参考。希望大家都能考上理想的院校！

本来还有关于竞赛的学习思考，但由于时间关系笔者没有成稿。对于竞赛，我的意见就是凡学有余力的都可以去尝试，但不要把所有赌注都下在竞赛上。一味赌竞赛成绩只适合那些思维优秀又专注某科的能力者，其他人对于竞赛应该持保留态度。竞赛可以为普通学生带来更加高级的思维、更加强大的自学能力和更多的自主招生机会。所以有能力的同学都应该去试试，但在竞赛和常规课中一定要有所选择、有所侧重。

第 3 章

清华学子是如何幸福炼成的

（一）过渡时期的思考与坚持

教育是一份坚守，父母的努力会带给孩子不一样的人生！

初高中的过渡是孩子成长中特别重要的一环，可很多家长并没有意识到。很多事情发生了变化：学习内容变了，学习方法变了，孩子从心理和生理上都长大了，于是，家长与孩子的理解出现了分歧。

其实每个家庭都一样，但我们要善于思考与学习，我们就会发现，生活中很多的事情是可以解决得很好的，只是我们有些时候不是太用心而已！

1. 为儿子，要坚持

2014 年 8 月 21 日。

不能给自己太多的理由，为儿子，要坚持！

从军训开始，每天都有一篇没有写完的日志存在了草稿箱中。看着那些残留的印迹，我没有理由再对自己说很忙。因为都是一些事务性的事情，所以忙一定是有时有响的，但我却没有坚持。

写给第一天上高中的儿子：

昨晚，儿子告诉我："今天是我这一生上高中之前的最后一天，明天开始我就再也不是初中生了，从明天早上开始，我就是个高中生了！"

早上，儿子出门告诉我："今天是我真正意义上的高中第一天！"

是啊，儿子长大了！

高中生活就此开始了。

见到儿子的时候，已经是 21 : 50 了。儿子还是黝黑的脸，但看起来还算快乐！

今天没有自习，儿子在晚课时听了我的提议，在课上做了作业，用他自己的话来说：也没影响听课。

我不知道，这样做是不是对的？但现在只能这样做，也可能在未来的日子里，我们真的应该放弃一些了。人的精力总是有限的，儿子学习的时间有些太多了。每天上学 15 个小时左右，我要让孩子健康快乐，尽管儿子说宁可吃些苦，但我一直在想：这样做值不值得？

儿子睡了，可我却没办法入睡。日子总这样过吗？儿子太辛苦了！他在学习，可我的心在流血。儿子所付出的，不是别人所能理解的，特别是我这种教育观念的人更没办法接受的，可现在我居然忍受了，而且还忍了很长时间。

是不是自己错了？心疼是对的，可还是得付出，还是得努力，因为高中太需要学习了，太需要充电了。

加油，儿子！妈妈一定会全力支持你，不管学习怎么样，妈妈希望你快乐幸福！

2. 每一份经历都让我心动

2014 年 8 月 21 日。

前天是儿子军训的最后一天，我没有办法去接儿子，觉得自己真的有点愧对儿子。

尽管儿子的军训没有几天，但这几天我的内心还是很不平静。

昨天回到家，看到儿子的第一眼：儿子黑了！

"你怎么黑成这样？"

"你看，我如果这样抹防晒霜，是不是就是包公，不用化妆了！"儿子在自己的额头上，调皮地用手画了一个月牙。这就是一直以来，总会让我开心的儿子。

我们两个一直在聊着，好像真的是好久没见的朋友。儿子告诉我，他的教官有一个才 17 岁，他还很郁闷；他们的教官有时候说话还带着唐山口音，说要求的时候总会说两遍。他还告诉我：他会在寝室调侃同学，偷偷地开别的寝室门，假装教官查寝室，等等。

我们一直聊着，听着儿子絮絮叨叨地说着，我内心里总是充满了一份感动。他总和我有说不完的话。

说实话，想儿子、惦记儿子是一种常态。儿子的每一份经历，都会让我心动，他会告诉我说："老师让人去干活，我总会第一个去，老师让同学主动去做什么事我都会努力去做，妈妈，我想表现得很出色，我想有一份充实的高中生活。"

"这样的想法是对的，积极向上，一定要记住，你想做的事情，你的期待，你不一定都能得到，都能实现。但你做事不是为了别人，你是为了自己，对自己有一个交代，这就足够了。机会永远会留给有准备的人，只是机会有时候可能来得或早或晚，你一定要有心理准备。"

我不希望儿子遇到问题就去看社会上灰暗的东西，但这种思想准备是要让孩子有的。当然，这也是一份人生的阅历，是让儿子成长的一个机会。我相信准备充分的时候，上天都会眷顾他的！

3. 放不下

2014年8月22日。

我从来没有过把儿子自己留在家里的经历。宏伟的姥姥生病了，他自己开车回去我不放心，可让儿子自己在家我也不放心，权衡下来，还是让我大姐来陪一宿吧！

说实话，真的放不下，一想到儿子要上大学，要面临独立生活，我会觉得特别可怕。那是不是会像儿子说的那样："妈妈，我自己能行！"

听着儿子的话，我这个当妈的太不放心了。可能我应该尝试放手了，不过，那也不是现在。其实我也知道，自己这样是不对的，但天下父母的心似乎都是这样的。

儿子没出生时，在肚子里，儿子出生后，在我的心里，所以真的放不下。这是一生的牵挂，无论他求学路有多远，无论他长多大！爱儿子的心永不变！

热帖分享（一）

一份不变的爱是一份坚守，但不能太过，放手是爱的必经过程。

4. 长大

2014年8月23日。

当我第一次离开孩子，躺在婆婆家的炕上，我有些睡不着了。

今天早上出门的时候，我感受到了儿子对独立的渴望，但真的让我把他自己放家里，我做不到。我没有说不行，但我给了两个选项：一是去大姨家吃，然后和大姨一起回家；二是自己去饭店吃饭，独自回家，然后20:00左右，大姨夫再来陪着。

儿子毅然决然选择了后者。儿子渴望独立，总希望自己有这样的机会。事实证明他很开心。自己打车回家，自己吃了扁食面，自己开门，自己看《快乐大本营》。

他的开心来自骨子里。看来儿子是应该长大了！

加油，儿子！晚安！

5. 围城

2014年8月27日。

昨天去接儿子，听他们聊起了父母和家庭。

"我妈特别的过分，就去了一天农村，本可以让我自己独立一天，可晚上还让我大姨夫来陪我睡觉！你们说过分吧？"

"我没人陪，自己在家的时候，书都看烂了，没办法，我就想办法玩各种游戏。"

"你怎么不给你妈妈打电话呢？"

"我不想打，打也没用，和扔硬币一样，概率是百分之五十，因为她忙，打电话几乎都在占线，还不如不打，基本上是接不到电话的，所以还是不打的好。"

"那你奶奶不是也会陪你吗？"

"她有时候会回农村待两个月。"

听着孩子的话，我心里不知道是什么滋味。

"我实际上就是个留守儿童。"孩子语气中满满的失望。

"那你是不是觉得特别幸福啊？没人管啊。"

"其实也不是那样的。自己很多时候是面对墙壁的，是很没意思的。"

看看儿子，儿子没说什么。我知道，这就是围城，外面的人想进来，里边的人想出去。而我知道，我对儿子还是关心太多，总觉得不放心，这是我的问题，还是有些过了。

关爱只应该是一时的，过分关爱会害了孩子。我决定要改变自己，对孩子要进行理性管理，不能再过分干涉孩子的生活。

让孩子随心飞翔，让孩子自由成长！

6. 儿子与钱

2014年9月1日。

对于钱，儿子从小就没太大的概念，但一直是很舍不得花钱的。所以，我一直鼓励儿子去花钱，要学会花钱。

昨天让儿子拿着20元钱去买哈密瓜和西红柿，因为儿子喜欢吃的水果就是哈密瓜，早餐还需要吃西红柿，补充维生素。儿子上车后告诉我，他排了好长时间的队，用5角钱买了两个西红柿，服务员一看就不开心，买的太少了。我告诉儿子，菜应该吃新鲜的，每天都可以去买，所以我们买得很少，基本上够一天或两天吃的就行，这样健康又科学。

今天早上，居然发生了这样的事儿。儿子对我说："妈妈，你把剩下的两个西红柿吃了吧？两个柿子就5角钱，扔了可惜了。"这是从来没有过的，儿子早餐的东西经常会剩下一点，其实这个习惯不好，但怎么说他也不往心里去，就说吃不下了，昨天的买菜经历居然让他认识到了这一点，这确实是出乎我意料了。早知道这样，应该有些事情早就放手让他去做。他买了菜，就知道买菜是要花钱的。以前他也知道，但不是从他手里花出去的，他没有这个概念，如今他知道不应该浪费，不应该这样做，只是因为他去买了菜，他知道了西红柿的价值。

生活给孩子的可能要比我们给孩子的多得多，有些时候，我们真的应该放手了。以前总觉得孩子小，买不好，其实无所谓好与不好，应该让他早点懂得生活，懂得生活中应该创造价值，知道生活的不容易，知道每一个菜叶都是用辛苦的汗水挣来的钱去购买的。

生活让儿子渐渐地长大了。自然，我们也要教会孩子学会花钱，如何花钱更有意义，更有价值。

放手让孩子经历，生活可以有别样的乐趣！

7. 幸福满满

2014 年 9 月 1 日。

刚刚洗完他们爷俩脱下的臭汗味道的衣服和袜子的时候，我才觉得身上轻松了很多，总算洗干净了。

看着儿子熄灯睡觉了，再看看身边睡得正酣的老公，才发现家里有两个男人是幸福的。想想明早他们穿着洗干净的衣服的高兴样儿，其实我也是幸福的，难得在这样的静夜，体会一种宁静的幸福。

想想老公的耍赖，"你收拾吧，我实在不愿意收拾"，其实就是不想干了。有时候，我也会赖的，互相赖的滋味很舒服，可以互相体会那种依赖的感觉，那是一种依靠，心里很踏实。

想想儿子的淘气、儿子的幽默，我实在是觉得都憋不住了。

吃饭的时候，我经常要吃骨头缝里一层类似脆骨的东西，据说滑膜不好，吃那个东西管用。我的腿一直不太好，于是我在啃着骨头的这一部分，宏伟逗我，跟儿子说："你看你妈妈像不像小狗在啃骨头？就像街头抢骨头的那种。"我看着老公认真看我的样子，就接着他的话说："你看你爸像不像想和我抢骨头那只。"我们两个同时看向儿子，儿子无奈地摇了摇头说："唉，我不想参与了，无论是狗妈妈还是狗爸爸，我怎么都是狗啊，我还是别参与了。"说完哈哈大笑，我们三个都乐了。

不知道从什么时候起，儿子看惯了我和宏伟之间的玩笑，很少参与到我们当中来。晚上我们在摘葡萄粒，捏碎它们，准备做葡萄酒，手上像血水一样，"儿子，快帮妈妈。"儿子看看我，然后看看他爸，乐呵呵地走了。

其实幸福就是这样三个人相互依存的。每天，都会磨一磨对方，为对方做点儿什么，和对方说会儿话，开心地在一起待一会儿。

幸福满满！我很珍惜，我也很知足！当一个贤妻良母是最大的幸福！

8. 儿子的小想法

2014年9月9日。

从来没见过儿子这样纠结，但孩子的成长真的是瞬间的事情，他的变化让你觉得你还没来得及觉察，他的思想里就多出来了什么。

关于占座，他似乎很是纠结。每天上竞赛课的时候，他们有几个好朋友会跑去占座，然后儿子告诉我：看到一些跑在他们后边的孩子，没办法坐到好座位的时候，总觉得很不好意思，总觉得很是对不住人家，但又觉得自己受朋友之托，还是应该去做。我告诉儿子：随心吧，如果自己愿意这样对朋友，可能对别人不太公平，那也是没办法的事，也是为了朋友，这种情况就随心意吧。很多时候公平都是相对的，而不公平是绝对的。

关于儿子带牙套的事，家里进行了一次很久没有过的正式谈话。

儿子的牙不太好，我担心以后会影响生活，所以还是主张让他去做矫正，但涉及到的钱太多了，6800元至30000元不等。儿子在很多时候是不会在意这些的，但这次他有点反常，他想戴好看的，隐形的，很贵的。我和宏伟认为不值得，医生也说大多数孩子都是做6800的，所以我俩也没在意，但儿子说不好看。我知道，儿子大了，开始在意自己的形象了。

早上出来，儿子调侃说："同学要问我，我就说妈妈怕我高中搞对象，所以矫正牙齿，也是为了上大学可以找到对象。"说完乐呵呵地看着我，"其实我在开玩笑。"

看着儿子的样子，我忽然觉得，成长真的是得经历一些事。

我忽然发现，自己现在似乎忽略了一些什么东西。好在时间不长，我发现，只要我和儿子交流的时间少了，似乎就会出现一些想象不到的问题。

是应该把精力放在孩子身上的时候了，生活转瞬就会过去。儿子会有自己的思考，我们也应该为儿子做一种深度的思考了！

热帖分享（二）

与孩子之间的交往与磨合是分分秒秒都在发生的，渗透在每件细微的小事中。

9. 疲惫

2014年9月17日。

这一幕总在我的眼前闪现：孩子带着满脸的疲惫走了出来，一脸的菜色，家长期待的眼神，也是带着一身的疲惫，时间已是晚上21：00。孩子出来了，家长马上把书包接过来，背在自己的肩上，然后孩子一脸木讷地和家长并排走着，没有笑容，没有感谢，没有愧疚，甚至没有一声的言语！

我看到了孩子的劳累，也看到了家长的辛苦，体会到了学生和家长的不容易，但这算什么？作为一名老师，我也每天都感觉到很疲惫，这样的教育能走多远？路又在哪里？

我们的孩子都变成了学习的机器，美其名曰是为了孩子有个更好的将来。我一直以为自己可以离开这个行列，我一直在努力让自己的日子不这样过，可从目前的局面来看，这是行不通的。我很困惑，儿子更困惑。

于是就有了这样一场将近一个小时的三人谈话。

作业一定是做不完的，是抄？还是少写？还是贪黑写，然后第二天睡觉？

我们的原则是确定的。不能抄，能写多少就写多少，困了就睡，第二天好好听课，到周末可以追一下进度。

无论如何，我们要展示一个真实的自己，做人的原则不能丢。

"可他们都可以贪黑的。"

"你不可以，因为你的阵地在课堂。你的学习方法最可取的就是课上效率高。"

"政史地怎么办？全不听吗？"

"课得听，毕竟人不是学习的机器，人的优秀应该是整体素质的优秀，而不是仅仅有一个高分就可以的。"

"想改变现状，唯一的方法就是高效学习，提高效率的时候，时间就挤出来了。目前一定要想办法高效，这样才能解决你面对的疲惫困境。"

"从理科学生的角度，爸爸可以告诉你，每节课的熟练程度会影响你的做题速度和准确度。当你的思维形成了，效率就有了，就可以把自己解放出来了。"

"还有，妈妈觉得做事的整体风格要有所改变，就要在每一个环节上都提速，你总和妈妈说智能社会了，其实就是个高速发展的社会，这个社会就是快节奏的，以前你慢可以应对，是因为容易，可上了高中之后，难度大了，你就应该把时间挤出来，这样才有可能让自己更优秀。"

"但妈妈有一个原则，一定要记住：身体是第一重要的，自己的优势不能丢，其他的可以努力改变，可以改变的一定要改，不能改变的则学会接受。"

说实话，儿子就这点好，有事一定会和我们交流。适当的谈话也是他放松的一个渠道。我一定会努力去改变这种现状。加油！儿子！

10. 和儿子小谈人生

2014年9月18日。

早上出门，看到了同行的孩子爸爸又在擦车，儿子会心一笑，坐了他家的车将近五年了，一直都是干干净净的。

"其实这也是一种幸福和满足，至少还可以有机会接送孩子。这也许是家长的享受吧。"

"是啊，每个人生活的角度都不一样。"

"你看，咱们有更高的追求，所以还得努力，妈妈觉得在学校的幸福就是看到学生的进步，看到学生的成长，而妈妈更为幸福的是和儿子能够心平气和地交流。"儿子会心地笑了。

"每个人幸福的点都不同，你写完作业，再多做些题，就觉得特别有成就感，特别幸福，对吧？"

"那是。"

"你一直还在炫耀的，昨晚居然还有时间买鞋，这也是一种满足。其实人的欲望是无穷的，知足才可以常乐，当然对于年轻人来说，还是应该有追求、有想法，但不能急功近利。你说呢？"

"我懂的，妈妈。"

昨晚坐在车里，儿子很是兴奋，很少见到儿子有这样的情绪了。

"妈妈，我今天有自习，做题特别舒服，这才是我想要的高中生活。"

真的，说实话，这时候我都想掉眼泪。儿子没有什么奢望，他只是想做一个优秀的人，可当今的教育却不让孩子正常成长。古人有《病梅馆记》来谈社会对人才的摧残，可我们现在的教育与那种社会又有何异呢？儿子曾经说，"妈妈，你看我们班的学生，你会很震撼，但他们只是学习的天才，其他的真的不敢恭维。"但儿子的情商可不能小觑。

昨晚儿子想要买鞋，路上我说："周日再去吧，好不容易今天可以早点回家，你说呢？"

"妈妈，不会是咱家没钱了吧？"

"没那么严重，爸爸妈妈都是老师，虽然自习费、周六课时费都没有了，一定会受到影响的，但不会影响你的生活。"

儿子看了看我，"那咱就不买了，对付着穿也行。"看着儿子懂事的样子，其实我不太忍心，同龄的孩子很少去考虑这些事，但我一直都告诉他，家里的条件不如别人，如果想过得更好，就得自己去努力，不知道这样的教育是不是对的？

但我知道，他不会乱花钱，也不会想一些不正当的渠道去弄钱，因为我不限制他花钱，如果说有限制，就是他自己的心不愿意多花钱。走到耐克和阿迪达斯门店的时候，儿子说："真贵！其实不值，我只是想看看有没有我喜欢的球星穿的鞋。"看到儿子懂事的样子，我真的想让他也和别的孩子一样，想买名牌就买，但这种心情还是被我控制住了。对于男孩子就要让他了解生活的不容易，让他成长。爱可以有很多种，这应该是最难的一种吧？

"咱们得抓紧回家了，爸爸给咱们做好吃的了，爸爸下了很多功夫的，怕你吃得不好，你这么辛苦！""那也太感动了吧！回家表扬一下他，多给他的菜打点分，让爸爸开心点。"听着儿子充满稚嫩、充满感情的话，我的内心五味杂陈。在当今社会，要做好家长太难了。父母真的是一份事业！是一份最为艰难的事业！

热帖分享（三）

想与孩子深度交流，自己一定要有科学的理念与方法。学习吧，引领不仅是一句空话。

11. 让我刻骨铭心的对话

2014年9月22日。

今早起床后，儿子的节奏还是有些慢，于是就造成了韩家母子两人等我们的状况，这是我们不允许的做事原则，虽然我和宏伟还是忍住了，但不能不和儿子谈谈了。可又没有太好的时间，今晚宏伟还出去吃饭了，看来我只能自己来谈了。

时间很短。

"妈妈想和你说几句话，也不知道对不对，不过，我想让你听一听，应该没什么坏处"，说实话，连我自己都不知道从什么时候开始，说话的方式变得委婉了许多，我忽然觉得儿子大了，可以有建议，但不能有命令，这是我觉得儿子长大后的一个教育原则。

"你说吧。"

"第一句，我总觉得每个人的人生都会经历很多，我们能改变的就去努力改变，不能改变的就应该学会接受。比如，刚刚说回家后让你先做作业的事，爷爷奶奶不在家，那么，妈妈接完你才能回家做饭，这就是现实。我们应该越发觉得爷爷奶奶在咱们身边的重要，有他们在，我们真的很幸福，但太姥生病了，我们不能拦住奶奶不去尽孝，所以我们要克服困难。其实往好了想，就觉得吃饭前还能抢出一个小时的时间学习，那该多好啊！如果我们不能改变，就应该学会积极去面对、去接受。

第二句，我觉得你的学习方法是不是可以调整一下呢？我做事的原则向来都是先做完分内的事，再去做其他想做的事，可你把别的事放在前边，把学习放后边，那是不是意味着最后总是学不完呢？人生总得打有准备之仗吧？

第三句，每个人的时间都是很宝贵的，我们不能让人家总等咱们，所以我们是不是应该有点时间观念？或者抓紧时间，或者提前起床，你可以自己选。"

儿子没有说太多的话，我们就到家了。到家后，我着急做饭，儿子去做作业，但感觉他还不是很安心。

一个小时，我做了三个菜，做了他最爱吃的鸡翅炖豆角，还炒了杏鲍菇，做了个捞汁。

"真好吃，妈妈。"吃到嘴里时，儿子总会表扬我们。

"儿子，其实妈妈也需要表扬。我觉得你刚刚在屋里学习时很不开心，其实，我觉得无论怎样，你都不应该是这个态度。妈妈觉得，妈妈这么累还给你做饭，是因为妈妈心里爱你，其实妈妈完全可以对付的。但为什么妈妈要这么做？是因为妈妈觉得你太累了。"

"我不开心，是因为我不习惯吃饭前先学习，感觉耽误时间，我只是保持了常态，没有高兴也没有不高兴，可你做饭辛苦那不是应该的吗？"听着儿子的话，我心里很不是滋味，如果换作以往的脾气我是不能忍的，但这次我冷静了下来。

"儿子，这个世界上就没有应该的事。有多少孩子在家里是没有饭吃，常年对付，那是因为他们的父母没时间或不负责任，我们是因为爱你，才觉得你辛苦，才觉得应该给你做好吃的，我们是因为喜欢你，才希望你成长在一个有爱的环境，让这种爱感染你，让你健康成长。没有人会是应该的。特别是父母，当他们生你的时候，给了你生命，那时候，你就应该怀着感恩的心来面对这个世界，没有父母，没有这个世界，自然就没有你。你不觉得是这样吗？"

"妈妈，我知道，我们应该感恩，但从理性上说，18岁之前，你是应该给我做饭的，但18岁之后，我就应该给你做饭，去供养你们了。实际上是这样的。"

"儿子，无论是谁，都应该感激对自己好的人。"

"妈妈，我懂的。但我想和你说，其实你和爸爸都很开明，应该是最好的家长。我已经很幸运了，可我觉得你们还是有很多不够好的地方。比如，我上高中以来，你们一直在帮我分析存在的问题，但我觉得有些事情不如我自己去面对。当我失败了，我经历了，我得到了很多的教训，我今生都不会忘记，可你们提前分析了一些问题，我没有经历，我只知道这样做不对，可最后还是没什么印象，没有太多想法，不好说再遇到类似的事情，我会怎样？其实我喜欢国外管孩子的方式，他们会允许孩子走弯路，失败了，然后再告诉他们怎么走，可你们总会在之前就告诉我，这是我不太愿意接受的。

还有我说话时，你有时会打断我，都没听完我说话，就说别的了。我觉得我更爱和我爸爸唠嗑，他会认真地听，他不会打断我，他要看到我心情不好，还会和我调侃，调整我的状态。可有时候，我心情不好，你也会不好，这样咱们就都没办法调整了。其实，你可以像爸爸那样，听完后再给一些合理的建议。最主要的是不能生气，不能大声说话。"

"儿子，你说的西方教育和我们为什么有这么大的差异，你知道吗？为什么他们的父母敢于放纵他们，而我们不能？那是因为我们的人太多，我们社会的福利还没有像发达国家那样，如果没有竞争的实力，我们可能生活得特别困难，而他们的社会保障很好，他们可以走弯路，他们有时间回头，因为他们没有那么多的竞争对手，可我们一旦回头的时候，就没有时间追赶了。

妈妈支持你的观点，以后你的事情我尽量不参与，但原则不能丢，如果你有任何一方面的问题，要及时和父母沟通，成长总会遇到一些问题的，但一定要相信爸爸妈妈，没有解决不了的事，上高中了，遇到任何方面的事情都正常，我们可以从正面积极地去解决。

你刚刚提到妈妈的问题，妈妈会努力改正。"

"我也会努力改，可和你一样，决心很大，认错态度很好，就是改起来有点难。"

"那我们就一起努力吧。"

于是儿子高兴地学习去了。可我的内心真的很不平静。什么时候儿子长大到这个程度啦？

前一阵子他说："我以前听你的尽管都是对的，但我觉得还是因为我自己没有思想，你说什么我都听了，现在我有自己的想法了，所以你得听一听我的意见。"

听着这些话，我有一些失落，也有一些开心。儿子大了，自己可以少想一些，少管一些了。可自己又觉得失去了好多，因为自己一直在享受着和儿子一起成长的过程，突然间在自己的生活中，儿子不再是重心时，内心多少有一些失落。

看来真的是到了该撒手的时候了，放手吧，儿子总得学会自己去思考，何况又是那么懂事的儿子呢？

期待成长，享受与儿子成长的点滴！这次谈话真的是让我刻骨铭心！

12. 青春迷茫

2014年9月26日。

儿子现在的状态让我觉得有些困惑。每天还是和初中一样，在作业中忙碌着。

"妈妈，你说现在政史地的作业是不是可以不做啊？"

"当然可以，因为我们已经明确要学理了。"

"那你说上课听不听课呢？"

"我们的主张还是应该听点课，毕竟我们不单纯是学生，我们将来要面对社会上形形色色的事物，还是应该全面了解。"

"我们数学老师现在讲课，根本就看不到同学的脸，大家都在做题，她可挺有意思，自己讲得太没趣了。你说，大家都不听课，只有我还偶尔抬一下头。可她还在讲课。"

"那是她的职责所在，她不讲课是不行的，听不听是你们的事。其实她也挺闹心，上课没有学生听课，那是很失败的。"

"那倒也是，不过上课做题就是爽啊，感觉一个小时的时间一眨眼就过去了。"

"那是因为你投入了。其实做任何事情都是这样的。只要你认真去做，都可以做好，而且时间过得会很快，你也会觉得生活是很充实的。"

"妈妈觉得你到高中怎么像没学英语似的？看不到你做英语或者什么的。"

"我们英语老师说了，高一可以不要成绩，培养能力，高二、高三梳理一下就好了。"

"那不行吧，高一不要成绩，高二、高三能有成绩吗？"

"你看看你，我就知道你会不认可，我们英语老师都说了，就怕家长不认可，你就是这样的吧？"我听出了儿子话语中的不舒服，我没再说话。我知道这个时候再说，很有可能矛盾会升级。这可能就是青春期的逆反吧？我平静了心情。

儿子看出了我的心事。"没事的，我只是那么一说，你不用担心，我往往会把事情说得不好，只是让你们有个思想准备，不过肯定不会很差的。你还不了解我？最主要我现在也很迷茫，我需要时间来过渡。"

儿子的这种调侃让我的心放松了许多，但还是很担心。

"你特别懂事，妈妈知道，你也能分清主次，这是妈妈之所以特别省心也特别开心的原因，所以妈妈觉得这些事情你会处理好的。如果你自己觉得想不明白的时候，你再告诉爸爸妈妈吧，我们不会干涉的。"

75

儿子很开心。其实现在我明白了，他需要经历，就像他自己说的，他也很迷茫，他还没有最后明确自己的方向和位置，他需要时间来摸索和过渡。但愿他能早点走出这份青春的迷茫！有个明确的目标和方向，这样做事的思路就会比较清晰了。

等待也是父母教育中很大的一部分，也是一个重要的环节，我在等待，也在期待！

热帖分享（四）

每个人都会拥有青春，我们有责任和义务让孩子拥有靓丽的青春。

13. 这个周末我喜欢

2014年9月28日。

周五的时候，儿子到家已是21：00了。

"妈妈，我今天什么也不做了，放松一下，录点歌，行不？"

"太好了，你喜欢你就玩吧。"

说实话，我特别喜欢儿子的这种状态，无论如何，即使对儿子的学习有影响，我也是不太介意的。毕竟，儿子正处在玩的年龄，可现在被学习束缚着，相较于其他的孩子，每天都忙于学习，而缺少了生活，这是我最不愿意看到的。

听宏伟说，儿子睡觉的时候已经23：00了。我喜欢儿子这样过周末。做自己喜欢做的事。

周六儿子回来的时候，闻到了排骨的香味，"真香啊，不是排骨就是鸡翅！"

"就是一个小馋猫，我算看出来了。"

"那是啊！"儿子乐呵地进屋了。

他回屋学习后，家里就很安静了。20：00的时候，儿子说："妈妈，我想弹会儿琴，再录首自己边弹边唱的歌，手机里的伴奏不好。"

"好啊，妈妈和爸爸都静音。"

于是儿子自弹自唱，大约弄了一个多小时，自己还是不太满意。

我们就安慰他："没事，手机是家里的，琴你自己弹，那不是随时的事嘛。"

"可时间浪费了。"

"没事，自己再想办法挤时间就好了。"儿子又安安静静地去学习了，屋子里恢复了宁静。可我还是喜欢儿子又弹又唱的感觉。

尽管学习很重要，但我更愿意看到这样的孩子！这个周末我喜欢。

14. 忙，等于不负责任

2014年10月11日。

不能让自己太放纵。我似乎太忙了，但又没有任何的理由。我不能停下来，似乎一放假，时间就更没有了。这个"十一"真是忙得一团乱，最主要的是还不知道自己到底做了什么，总觉得自己在浪费时间，可又没有办法。

这七天，儿子只请了一天假，因为10月3日17：00，我们要去口腔医院去正畸。说实话，正畸真的很遭罪，但不弄又觉得孩子长大会受影响。为了弄牙，儿子可是没少吃排骨，因为弄完牙之后，就没办法啃排骨了，于是一顿又一顿地吃排骨。可这件事还是一拖再拖，因为怕影响他吃饭，又怕影响学习。

决定3日弄牙后，我就告诉大姐，不用再给我儿子做排骨。我给儿子发短信："是中午接你还是下午接你？如果想少耽误课，就16：00去接你吧？"

"要不你还是15：00接我吧！我们15：00下课，16：00正上课，往出走是不是不好啊？会不会影响别人啊？"

"好的，我们15：00接你。"儿子考虑问题还是很周全的，多数时候他考虑的是别人。

看着儿子躺在那里弄牙，说实话，我真的很心疼。

从小我就没让他受过委屈。真的是疼在儿子身上，也疼在我的心里。这段日子里，儿子都吃不了硬的东西。宏伟做的所有好吃的，我都用刀把它切碎，看着儿子吃东西的样子，我都感觉有点后悔了。儿子疼了几天，做什么事，都看不到他脸上的开心。我也什么心情都没有了。

10月5日，我跟儿子商量，让儿子请了一天假。终于可以睡个懒觉了，儿子让我8：00叫他，我实在是没舍得，8：30叫的，他觉得很满足，很幸福。我真的很心疼儿子，连我自己都不知道我们在追求什么。

其实，我没太多想法，教育有太多的无奈，只能这样了。

这两天儿子终于适应了，可以自己咬点东西了。儿子嘴里都破了，但他一直忍着，我的心里也一直在努力地忍着。只能慢慢地过渡吧，加油，儿子！

我一定努力坚持！我要做个负责任的妈妈！

15. 学习的独立

2014年10月12日。

一直以来，我对儿子的关心远远多于老公对儿子的关心。但上高中以来，我觉得自己的认识应该提高了。至少我觉得孩子长大了，作为母亲，对一个男孩子应该干涉得少一些，而且应该是越少越好。

现在每天，我在自己屋里，可以做自己想做的事。儿子在他屋里学习，已经完全可以做到一两个小时不动了。我很放心。

记得有一次，我问儿子："你们同学家长翻孩子书包，抽查孩子，你怎么看？如果妈妈这样做，你会不会生气啊？""如果我也是那样不学习的孩子，你查我，我不会生气，妈妈还不是为了我好。不相信孩子是有理由的。"

我没有说什么。我从来没怀疑过儿子。所以我从来没去看过他，这可能是我的幸运，也是儿子的幸运吧？所以我们之间的冲突相对就少一些。当然这一切都是在相互理解和包容的基础之上的。

但男孩子总得有男孩子的思维方式，如果我对他的影响太多，可能就会使他少一些男人的大气，多一些女人的细心，这并不是个好的事情。但其实我的心里还是放不下的。

于是，我就只能先跟老公说。

"你说儿子这段时间复习了吗？马上要考试了，用不用你帮一下忙呢？"

"应该不用，他大了，他有自己的计划，有些时候，其实让他吃一次亏，或者失败一次，也可能正是好事，总不遇事，他也没办法长大啊！"

"那倒是，不过，你是不是应该提醒一下呢？这不足为过吧？"

"那也行，回头我问一下。"儿子回来了。儿子和我们有着说不完的话。他讲了好多班级同学的趣事。

"儿子，你不是说复习生物吗？你复习了吗？我们用帮忙吗？"老公无意识地问了一下。

"噢，我复习了，马上就复习完了。"儿子特别坦然地回答，然后又接着谈起了班级的事情。我和老公对视了一下，我们知道，其实是可以放心的。

儿子独立，可能要比我们手把手地跟着学习要强。也许他不一定是最出色的，但我觉得他是懂事的，他有人情味，我喜欢这样的儿子！看来，我可以什么都不管了，我也可以稍微休息一下了。

独立真好！儿子在长大！只剩下生活上的独立了，看来我也得慢慢地放手了，否则他到外面上大学可能都没办法生活了。放手吧，总得让孩子在蓝天翱翔！

热帖分享（五）

只要经历就是财富，无论从哪个方面，孩子都需要成长。

16. 高中第一次考试

2014年10月24日。

10月13、14日，是儿子上高中以来的第一次大型考试，首次月考。看看儿子，好像很是坦然，感觉和初中考试时没有区别。

说实话，我心里比他还紧张，我想到的是初中的第一次考试，因为儿子没有在外边上过课外班，所以初中一旦丢点分，排名就会落后很多。高中会不会也这样呢？但感觉儿子的想法还是对的。

记得刚刚中考完，儿子就告诉我："妈妈，要上高中了，我不想再过初中那种追赶别人的日子，好像没有耽误什么，但还是很考验人的，那是需要特别好的心态才能追上的。那个过程太难了。我们这个假期还是学点高中课吧。正好高中老师要求上'鬼班'课，如果不学，我们就又被动了。"

但我还是和儿子说："你能不能保证学过后上课也认真听呢？否则我们就会和其他人一样了，在外面学，在课上不认真，结果一定是不好的。"

"妈妈，既然我想学，我就不可能这样做的，我上课也会认真，课外也认真，这样我就可以比别人强了。"

"那好吧。"这是我和儿子一次很认真的对话。从此也就走上了艰苦的课外上课之路，有那么一些不怕辛苦的老师开设了"鬼班"，因为所有吉大附中的好孩子都在那里，他们以后都会学竞赛，所以他们不可能有机会学完常规课。我一直坚守的不上课外班的事就此告一段落。

但事实说明，高中在外面上课还是对的。我们上了高中课，尽管没有别的孩子上的时间长、上的次数多，但我能感觉到儿子的态度是很认真的。最主要的是我看到了孩子考试前的那份自信，我曾经想过，如果不是怕孩子的自信和自尊受到影响，我还是不想让儿子在外面上课，但事实证明，高中上点课还是有用的。

儿子的成绩出来了，年级18名，还是在自己接受的范围之内。但班主任找他谈话，告诉他："晨宇，你的成绩差强人意，应该努力啦！"儿子会问我："妈妈，你说为什么老师不太满意呢？他怎么会对我的期望值那么高呢？"我说："因为你不偏科，品质又好，在理科班你这样的孩子才会出成绩！"

是啊，用儿子的话来说，班级有学霸，有学渣，他二者都不属于，他每天都在玩，每天也在学，他就是这样一个边玩边学的孩子，一直以来都是这样的。

"妈妈，我是不是应该努力了呢？"

"那当然，别辜负了老师对你的期望！"看着每天辛苦学习的儿子，我的心里总是又开心又心疼，好在他还有些成绩可以安慰自己，要不这样的压力一定会让他崩溃的。

加油！宝贝！成绩不重要，重要的是你有了这种能力，你在未来的路上有自己的想法和好的做法，这就足够了！

17. 最贴心的组长

2014年10月24日。

"妈妈，我们分组了，班级有10个组，每个组6个人，我们老师特别有意思，让我们组长自己组合，那不得很乱？有的人有好多人要，有的人就会没人要，反正现在没太分明白。"

"其实，每件事情都会有利有弊，看你怎么看？这样的组大家不需要磨合，大家性格相投，学习起来生活起来都会很开心，当然也有不好的地方，那大家一起努力回避就好了。"

这是21号说的话，10月22日省教育厅突然发文，不让上延时课了，家长们都有些措手不及，7点30分放学，儿子到家8点10分。早了一个小时回家的儿子，一直不停地在跟我说着他们组的故事："小组选好了，我们组三个男生，三个女生，座位是我排的。我和甲同学挨着，他旁边有个女同学，这样可以让她提问题。我前边是乙同学，因为他长得高，甲同学有时候上课爱写作业，可以为他挡一下。我们三个男同学，或者三个女同学都不适合在一起，那样会爱说话，而这样的搭配就没有问题，大家都很高兴。他们说我是最贴心的组长，你看我贴心吧？"

"你真的长大了！你知道考虑别人感受了，这就是人成熟的表现，你这样以后妈妈也就放心了。"我们聊了半个小时，看着时间一分分过去，其实我很不舍，因为儿子的时间太宝贵了。

10月23日，接儿子回来，一路上都在聊着他们班级的故事："我们分组的时候可有意思了，本来我们组的学习成绩不太好，但今天一调整，我们组的成绩反倒在班级第三了。妈妈我跟你说，其实很有意思的，那两个组的组长特别逗，老师要调一个人，他们就说，这个负责我们的英语，那个负责我们的数学，总之，哪个人都不让调。而我选的人，老师说，别的组需要，那就去吧，我从来就没想过因为这个组就不听老师的调整，其实自己一个小组没什么的，应该考虑全班才对。最后，他们都调完了，我们组也不错啊！"

"儿子，你这样做就对了。什么事不能总想着自己，总得替别人想想，每个集体里不能只有自己,这样的人能走多远的路呢?你长大了,你的心胸可以让你做大事了。做男人就应该这样,替大家着想,少考虑自己,其实很多东西不是争来的,属于你的自然就是你的,一定要打有准备之仗,一定要让自己有深度、有底蕴,这样你才能在自己的人生路上快乐、充实、幸福!

"妈妈,我知道,我懂的,我会这样做的,我相信我也能做到!"儿子接着说道:"我们还得起个好听的名字呢:第一组?妈祖?如来佛祖?我们老师让起新颖一点的,但我觉得还不能太过分,否则她还不一定能接受呢!"

"那就叫牛宝宝组,加个翻滚吧也行!"我逗儿子。

儿子笑着说:"你也太过分了,岂不是让我们都成犊子啦?"我们两个哈哈大笑起来。生活本来就应该这样,充实、开心、幸福!

一个小组,一个故事,一个记忆,一份精彩!在这个故事里,有儿子,有我,有我们的人生,有我们美好的回忆!

18. 陪伴

2014年10月24日。

昨天晚上,儿子学到了23:10,原则上我是不允许的,因为我觉得儿子晚上睡得晚,白天一定会困的。

儿子怕我困,22:00过去告诉我:"妈妈,你先睡吧,我可能要多学一会儿。""你也早点睡吧,要不明天上课会又困又累的。"

我不会睡的,其实我真的很累,但我觉得即使是在自己屋里待着陪着儿子,我心里也有一份踏实,我想儿子心里也会有一份踏实吧?

22:30,是我规定儿子必须睡觉的时间。

我过去问儿子:"你打算几点睡觉?"

"妈妈,还有些竞赛题我想看看,周一数学竞赛要考试,我先自己看一下。"

"那好吧,别太晚了。"

"好的,妈妈,你先睡吧。"

听着儿子的话,他心疼我,我知道,他有自己的想法和计划,我也知道。他总会有自己的想法,我不知道是不是应该开心,但我觉得他还小,开心的同时更多的是心疼儿子。

以前儿子用热水泡脚的时候,还是我帮忙弄水的。昨晚,他自己去弄了,而且似乎一切都是顺其自然的。我必须要接受孩子的长大,他经常劝我:"妈妈,其实一切都没多大的事,不用在意任何事,你自己努力做了不就行了吗?"听着他大人般

81

的劝说，我有时候感觉自己真的像孩子说的一样——不够智能了。自己的想法应该有所改变，有所调整了。

23:10，听着儿子去卫生间洗漱，然后伸头到我屋说："妈妈，我睡觉啦。"看着儿子疲倦地倒在了床上，我真的觉得儿子太辛苦了。

贴了贴儿子的小脸，依然那样软。"晚安。""晚安，妈妈。"感觉我还没有走出门，儿子就睡着了。我也很累，快0：00了，自己才睡着。

生活可能应该这样，男孩子总得吃过辛苦，奋斗过，才不枉做一回男人！我现在能做的只有陪伴。

加油！儿子！

热帖分享（六）

陪伴才是对孩子最长情的告白，有效陪伴至关重要。

19. 儿子就是战士

2014年10月27日。

男孩子的风范在儿子身上体现得越来越明显了。10月25日，这个周六，对于我而言，十分不喜欢，因为儿子下边的牙齿又要矫正了，下边的牙不好，已明显感觉出不整齐了。特别是上边也要加劲了。我一想，心都疼。

回家后的儿子一直在痛苦地皱着眉头，我能想象那种痛苦，牙疼不是病，但疼起来是要命的。给儿子做的茄盒，我用刀把它切碎，然后儿子直接送入口中，再痛苦地嚼着。说实话，看着这样的儿子，我真的不想让他矫正了，难看就难看吧。而且儿子还感冒了。

10月26日早上。

"儿子，别去上学了，你又感冒，又牙疼。"我真的太心疼了。"没事，我去吧，听听课就好了。"我心里很不是滋味，为什么让儿子这么苦？是不是自己无能？

看着儿子作痛苦状，但一声没吱。说实话，我太佩服儿子了。我牙疼的时候，至少要哼出声来，可他一声没吱，自己在那挺着，我看着都疼。他自己什么也没耽误。该上的课在上，该写的作业在写，还不厌其烦地让我给他看语文题，看作文。这就是我心目中的战士。我相信，儿子以后做什么都可以成功，因为他具备了男人特有的坚持和坚强！

加油！大儿！一切都会好起来的！

20. 执着？变通？

2014年11月4日。

儿子太过于正直，我真的觉得他太执着了。这段时间他一直在感冒，但不知道他哪里来的理论，就是不休息，一定要坚持上课。

"咳嗽得太难受了。中午把他们全咳起来了，把老师都咳起来了。"

"老师问我，晨宇，你感冒啦？我说我都感冒好几天啦！"

"你也太不会说了，这不有撅老师之嫌吗？"

"哪有，说点事实而已。"

"明天下午开班会，也不知道什么内容？"

"那太好了，你请假吧，这样到家里睡一觉，缓解一下感冒症状。"

"不行，我还是去学校吧，感冒就请假，不好。"

"有什么不好？反正也是开班会，回家休息一下，然后好补作业啊！"儿子这段时间有些作业都是选择性地写，我的原则就是23:00必须得睡觉。原来是22:30，但现在看来这是不可能的，于是就改在了23:00，可23:00还是写不完。

"要不妈妈给老师打电话，说你感冒了。"

"你也太过分了，还有这样劝儿子不好好写作业的。"

"那倒不是，就是觉得这段时间你太累了，想让你调整一下。作业得写，也可以选择性地写，毕竟太多了，不能不睡觉啊，否则第二天听课怎么办？那岂不是得不偿失？有病请假是正常的。同时你也得理解，他们留作业是因为还有那么多没学竞赛的孩子。"

"我们老师是不会听解释的，老师的意思是学有余力才学竞赛，你课内的都完成不了，怎么去学竞赛呢？"

"反正今天放学早，下午我就趴在桌子上得了，老师也不可能说我。"

我感觉真的没办法劝他。我不能理解这是不是执着。

早上，儿子说他昨天的政治作业没交，被老师罚站了。

"妈妈，你说我都决定学理了，他们还管这么严。结果站了一节课。"

"那你不会把作业抄上，想个办法对付过去。"同在车里的我和他的同学都这样说。

"你不对啊，这是怎么教育孩子呢？"宏伟接了一句。

"不过，妈妈还是觉得你得学会变通，否则以后会吃亏的。"

"反正以后考试是开卷，我也不学文，应该没问题的，是不是不及格也行啊？"

83

"可以，没什么不可以的。"

"不过，其实上课我还是听课的，要不就真的什么也不会了。"

"儿子，得学会变通，人怎么可能十全十美呢。"

"没事，那我就慢慢学吧。"

一切都看他自己把握和理解吧！

21. 给儿子的一封信（归因）

2014年11月17日。

妈妈的心很痛，真的不是因为你的成绩下滑。因为，妈妈忽然发现了你的逆反。你有想法是正常的，我期待你的成长，但成长的过程中还是应该与父母有分享，这样你等于是站在了前人的肩膀上成长，你的成长将更顺畅、更茁壮。

一直特别懂事的你，忽然间就这样按着自己的主观意志去做，最主要的是你的做法中还有一些我认为的偏差，我觉得这才是最可怕的。其实你有自己的主见，这是妈妈愿意看到的，可你走入了平庸，这又是妈妈不愿意看到的。你不再像以前那样，在自己失败的时候，和我们坐在一起分析一下问题的所在。你似乎找到了自己的原因，但你冷静地看一下自己分析的原因，你会发现有一个共性的问题，那就是没有问题，没有问题怎么可能出现现在的这种状况？这是不现实的。你说你不在状态，这能成为理由吗？说近一点，我们的高考如果要是不在状态呢？说得深一点，不在状态是什么？你如果就这样为自己开脱了，你还可能有很强的前进的动力吗？你说，这次物理太难了，学物理竞赛的合适了。可我就想问你，你前边的50个孩子有多少是学物理竞赛的？有些时候分析的原因是不是太自我，太主观了？

可能你有自己的想法之后，不愿意让别人干涉自己，其实我不太想过多地干涉你，毕竟你长大了，你需要自己的思考，但儿子，妈妈想对你说，你就是一棵小树，成长中一定会有偏差的，妈妈的劝告就是不让你长偏了，回头再想长直太难了。人生的路总得向上的。你说过，你觉得自己的付出不够，妈妈是赞同的，因为这段时间，你确实过得有点太自在了。"人无远虑，必有近忧，"这是对的。

儿子，妈妈觉得任何问题都不是个事，但一定要有一个正确的态度，这样才能避免自己少走弯路，才能让自己的人生更加精彩！

没有一个人的成长是一帆风顺的，每个人的人生经历都是一笔不可多得的财富。珍惜吧，孩子！

永远爱你的妈妈

22. 和儿子的战斗刚刚开始

2014年12月3日。

没有硝烟的战场，这是我和儿子之间迟早的事。

这段时间我一直在反思自己，是不是应该退出对孩子的管理。我努力让自己调整角色，我发现，作为一个母亲，作为一个老师，作为一个做了20多年班主任工作的我，还是对孩子的约束太多。男孩子真的应该有自己的自由空间，可我还是关注太多，在意太多，导致他的内心一定会有不舒服的感觉，这是我最不想看到的。我可以不追求任何东西，但我追求的是一定要让儿子生活得快乐，人生几十年，如果都在不舒服中度过，那生活的质量也太低了。

儿子一直在提醒我，我们两个迟早都会出现冲突的，我们都互相让一让，我想我们两个都努力做了。

那天和儿子一起去弄牙，因为牙齿矫正得有点松动，约定的时间是18:00，而放学的时间是17:30，堵车堵心，还没有地方停车，我只能把车停在诊所对面，他需要横穿吉林大路，"小心点，过马路看车！"这是我最习惯的嘱咐，儿子看了我一眼，"你不嘱咐我也得注意，我自己都多大了，这些我都会。"尽管他的语气很平和，但我听出了内心的那份不舒服，我愣了一下，以前我总是嘱咐，儿子很受用的，现在怎么了？回来的时候，我告诉儿子："其实人与人之间，需要一份关心，一份温暖，也许你觉得太啰嗦，妈妈可以改，但心理上还是需要人与人之间的关怀的。"儿子默认了。

11月28日，儿子因为吃饭不小心咬到了筷子，没办法，我出差的疲劳还没缓过来，只能请假去陪他弄牙。

儿子爱吃肉，想一想好不容易出来一次，弄完牙，我给他点了排骨，那家的排骨煮得还是很好的，我看他吃着也费劲，于是就用勺帮他把肉挖下来，免得又弄伤牙齿。

"妈妈，这些事我自己是能做的，你为什么要为我做呢？你这样，让我觉得自己就是个废物，高一了，自己连排骨都不能吃，你说人家会怎么看这个事？"当这些成为习惯的时候，我发现我自己真的错了。

能够反思自我就是好同志。我告诉宏伟，这段时间对孩子的教育他多参与一些，可能父子之间的交流应该更容易些，毕竟那是男人之间的交流，我得识时务啊！这明显是儿子想独立的表现，照顾的太多，让孩子觉得不舒服，这是我最不想看到的。我冷静了，我努力和自己战斗，而不是和儿子战斗，儿子的成长应该有这

85

样一个过程。这种战斗注定我是失败者，因为这种教育连我自己都不认可。

这种失败是我喜欢的。加油，儿子！妈妈正在学着放手，学着让你自己成长，你很幸运，妈妈是一个能够及时反思的妈妈，妈妈也很幸运，有你这样一个懂事的儿子！妈妈很享受这样的过程！

热帖分享（七）

理解永远都是相互的，这样的成长才能有所期待。

23. 坚持

2014 年 12 月 3 日。

走入儿子的生活是父母应该做的事，我一直以为自己很了解儿子，但忽然发现，自己离他的生活还是太远了。有时我内心还有些小抱怨，现在看来，还是和儿子一起成长，才能知道生活中的点滴。

每天晚上，我和宏伟都留下一个人不睡，陪儿子学习。和儿子一起成长是一种体验，也是一种生活。我们总是觉得，孩子那么辛苦，我们没有理由睡得那么早，躺在床上自己也是睡不着的。我们的陪伴是在自己的屋子里做自己的事。

22：50，"儿子，睡觉吧？明天还得上学。""妈妈，今天内容太多了，我再写一会吧。""那也别太晚了，一会儿就睡吧？""好像今天得晚一些，还有好多想学的内容。""好吧。"我没有再说什么。

22：35，"儿子，是不是该睡啦？""还有点，我再学一会儿。"这一次，我没有走，我在他后边待了一会儿。

22：45，"还有多少？不行就明天早上去学校写吧。""那也行，那就准备睡觉吧。""太好了，早点休息，明天还得上课。"儿子边收拾边说。"其实今天有一些自习课，可我做了点别的内容，没有写作业，按自己的学习计划做了点英语阅读，写了点语文积累，但没想到作业会做这么久。"看到儿子很累的样子，我真的很心疼。

"没事，反正明早也来得及。"儿子洗漱去了，躺在床上的时候，我看了看表，22：58。

儿子总有自己的一份坚持，我不知道这份辛苦是值还是不值，但我会尊重儿子的选择，我会让他自己拼搏，收获自己无悔的青春。儿子真的是太辛苦了！加油！

24. 交流

2014年12月4日。

早上起床，儿子很累，这个我可以理解。心情不算是太好，也是没睡醒。

吃饭的时候，婆婆在一边爱惜地看着儿子，用手拨弄一下儿子的头发，儿子一闪，老人就是这样，又去弄了一下，儿子有点生气了，"别老弄我头发"。我觉得口气有点生硬，但没说什么，理解吧。不过这在以前是没有的。出门时，婆婆捧着儿子的衣服在等着，儿子不耐烦地说："你拿它干什么啊？""我不是看你坐在那里不方便吗？"看着儿子的样子，我真的有些忍不住了。

一出门，我就问他："你怎么能这么和奶奶说话？她都那么大岁数了，70多岁的人了，你好好地告诉她不就行了吗？都是一两句话可以解决的问题，为什么非要用那样生硬的态度对奶奶？妈妈能理解你的辛苦，但做人一定要讲孝道。你想一下，如果妈妈每天都像你这样说话，这个家里会是什么样的气氛？你会喜欢那样吗？你小，大家可以照顾你，但说话的方式是不分大小的，人总得学会好好对待别人。"

"可她的耳朵还有点背，也听不太清。"

"那是她的事，但你应该好好说话。你看现在人们都发现了这个问题，所以微信上一直都在宣传色悦才是真正的孝顺，谁都不缺吃少穿，人们真正需要的是和谐相处，开心地交流。"

儿子不再说话。这件事我一定要坚持做，孩子不孝顺，学习再好也没什么用。做人应该在成才之前，这是我一直信奉的原则，这样社会才能向善，社会才能发展得更好！

25. 成长中的痛

2014年12月18日。

和儿子谈话是我觉得最为幸福的事。回归才是真生活。昨晚儿子回来，觉得特别的累，躺在我身边，黏了一会儿。

说实话，他们学校的方式真的很累，我们做老师的能理解，毕竟有很多孩子没有自制能力，所以要留很多作业，但这样的话，学生们都忙于写作业，就更没有自主时间了。儿子是一个对高中有期待的孩子，他希望的高中是上完课后，时间都由自己调配，这样的话，就可以让自己学得很从容、很舒服。但目前的体制谁也改变不了，毕竟面对的学生差异太大。儿子又不太会变通，从小至今，几乎就不怎么犯错误，更别说不交作业了，这对他来说是不可能的。所以当他写完作业的时候，一定是很辛苦的。多数时候，我们两个都会说：睡觉要紧，作业写不完就不写了。可儿子有他自己的坚持。我和他爸爸真的是看在眼里，疼在心里。

"你要是太累，就歇歇吧，爸爸妈妈也没说一定要怎么样，我们没有太多要求，你尽力就行。"

"没事，不用担心我，反正也不是我自己，大家都这样累，别人能坚持，我就能坚持，我和人家没有区别。"

"其实真的没有必要让自己特别辛苦，有时候想明白了，调整好再努力，可能要比现在舒服一些。"

"没事的，妈妈，我待一会儿就好了。"

"要不，你就请假在家里休息一下。"

儿子露出了一种诡异的笑。"你们两个可真是的，人家家长都怕孩子不去上学，你们总劝我请假，总劝我不写作业，别的同学会怎么想这事呢？"看着儿子眼中的笑容，我不知道应该说些什么，反正，我总觉得自己什么忙都帮不上，这可能就是他成长过程中需要经历的考验吧。

儿子总有些自己的想法和打算，他心里很有数。关于去国外，儿子的观点是可以出去两次：一次是研究生时，要出去读书；第二次就是自己的公司做大的时候，平时出去度个假，生活还是应该在国内。想着儿子的懂事、儿子的努力，他考上什么学校我都认可了。人生没有十全十美的事，但尽力就好。

我很知足了，我就剩享受一个妈妈独有的乐趣了。每天和儿子调侃，让儿子的心境放松，每周陪儿子听"中国正在听"，我们去投票、去热烈地讨论，陪儿子看《快乐大本营》，接送一下孩子，这是现在我能做的全部的事了。我从没想过，自己也有这样不被人需要的一天。

看来是儿子长大了，看来也是我老了！开心，满足，幸福！

26. 儿子的心

2014年12月24日。

昨天晚上回家的路上，我的手疼得厉害，儿子拿了所有的东西。

"怎么弄的？"

"办公室没水了，自己装一桶水，就把手弄成这个样子。"

"你怎么不知道小心，弄不了，去买一瓶先喝，真是的。看你弄的。"

"我不愿意麻烦学生,哪想到自己这么壮,还属于手无缚鸡之力的人。"

"不过,你想喝水,也不应该自己去弄一大桶,这下好了,手弄坏了吧?自己不舒服吧?"儿子的责备中听得出儿子的那份心疼,同时带着一份无奈。儿子大了,他的心里装着对父母太多的爱与心疼。

每天儿子回家后,都会高兴地说:"妈妈,你看咱们小区现在的保安,多好!他们在门口给你开门,还会说一声'欢迎回家',多温馨的话语,听着都愿意回家。其实服务就应该是这样,你们别总觉得这些保安不好,觉得他们麻烦,车库的管理就是这样一点点弄的。"

车库里每天都要拦车,不让直接过去,每天都在查,确实是现在不守规矩的车太多了,但他们的工作实在是太过于繁琐了。特别是我家的车位就在保安的门口,应该一下子就记下来的,可他们还是每天都拦下来,仔细看看,然后再放行。一天可以,两天可以,整整弄了两周,现在还得仔细趴窗户上看到通行证才行。我经常和儿子说:他们做保安是有道理的,他们不用费脑力。但儿子是不爱听这样的话的,他认为,这些保安挺好的。这可能就是心态的问题,儿子总觉得他们服务了,他们就是好的。他们怎么做都是为了更好地服务,所以不应该责备他们。儿子一直在开导我,我觉得儿子的这份心思真的是很成熟,应该是可以做一些事的人了。

儿子一路都在讲他是如何在英语课上叫李同学的,他们组有一个同学上课总睡觉,他就会不厌其烦地去叫醒他。"你说他英语睡了也行,那下节课是物理,一旦听不到课,最后不就什么都不会了吗?"我看着认真的儿子,"你们别的同学也叫吗?""没有,他们都只管自己。"我心里一热,我一直特别喜欢这样的孩子,这样的氛围,我曾经无数次地告诉过我的学生:你的真朋友是在你上课睡觉的时候宁可惹你生气也要叫你起来听课的人。儿子的这份爱、这份责任、这份宽容是我没想到的。"他在'鬼班'的课都是我给讲的,同学都说,他交的上课的钱应该交给我,他一点都不听课。"听着儿子一直在说,我心里特别开心。

儿子有这样一颗心,我就放心了。他心里可以装着父母,可以装着爷爷奶奶,可以装着同学,还有什么装不下的呢?

祝福儿子,加油!

27. 儿子的小幸福

2014 年 12 月 26 日。

昨天是大姐家的楠楠过生日,儿子晚上没有晚课,在回来的路上,大姐邀请我们一起去吃饭。我问儿子:"去还是不去?你做决定,因为晚上的时间是你的。"儿子想了想说："我们还是别去啦，奶奶在家一定做了好多的菜，如果我们不回去吃，她会多失望，心里多不开心啊！"儿子想的是奶奶的感受，而不是自己吃得好不好，我真的佩服儿子。

晚上，回家之前，我告诉儿子："妈妈给你买圣诞礼物了，你猜猜是什么？"

"不能又是玩具吧？"

"是玩具，不过是高智商的玩具，担心你可能玩不好。"

"不可能的，哪有玩具我玩不好的？"

"你太自信了，我觉得有点难度，你自己看着办吧。"

回家后，儿子大意地把孔明锁拆开了。结果出现了一种局面：怎么拼也拼不上，时间一分一秒地过。"你可以有时间再弄"，"不行，我一定能弄成的。"

又过了半个小时，"你可以找空闲再弄，妈妈是不是买错啦？""没事，我马上去学习，你没买错，玩具玩一下就成了，那也没意思啊。"看着儿子认真的样子，我知道，这次是给儿子出了一个难题。20：00，儿子把玩具送到了我屋里，自己学习去了。这就是儿子的小幸福吧？

下晚自习的宏伟回来了，结果他也玩了一个多小时，连衣服都没换，我终于知道这个孩子像谁了，他们怎么就那么像？"我这个玩具买的挺值啊，你们爷俩玩。""那是，多好玩啊！"又一个玩心重的人。我无语了。

即便这样的忙，儿子也没忘记老师，我们去买了苹果，买了包装纸，我们为他的老师每人包了一个平安果。我觉得很开心，我希望儿子是一个有情有义的孩子，儿子也一直都是。他在用心生活，这是我喜欢的状态。儿子每天都会和父母，和爷爷奶奶开着玩笑，讲着故事，我觉得这才是生活。

生活中，总有这样的一些故事，我喜欢，我觉得生活应该由故事组成。和儿子有故事是一种幸福，和生活中所有的亲人有故事，那是无法用金钱衡量的幸福！我是拥有的！我会珍惜！我要努力让自己、让家人更幸福！

热帖分享（八）

所有的情商来自于孩子与父母的交流与分享，教育从我们做起，才会收到实效。

28. 可怜的小憩

2015年1月8日。

儿子居然说出了与我一模一样的一句话："妈妈，我就睡10分钟，你一会儿一定要叫醒我。"

"不叫行不行啊？"

"妈妈，不行的，我还想做一些题，做题的感觉和节奏都不好，没手感。记得叫我。"话音刚落，我就感觉到了儿子均匀的鼾声，我真的太心疼了，看着儿子扎在被子里睡觉的样子，我真的想让时间停下来。我太能理解这份心情了。那是在带学生出去学工的时候，有的学生睡得晚，有的学生睡得早，有的学生在半夜调皮，一周留给睡觉的时间很少，那次我是太疲惫了，"我睡 10 分钟，就 10 分钟，一定要叫醒我。"想着当时同事那心疼我的样子，想一想当时我的疲惫，有时候，我真的在想，儿子这么辛苦，值得吗？

看着表，怎么感觉它走得那么快，似乎时间真的像飞一样，一点一点，眼看着就到了 10 分钟，我让针过了一些些，我才轻声地贴了贴儿子的脸说："你起来吗？到 10 分钟了。"

"是吗？我去洗把脸"。看着睡得一脸蒙圈样的儿子，听着他的话，我心里好痛，男孩子是应该吃点辛苦，可我觉得儿子确实太累了。儿子去洗了把脸，"妈妈，我去做题啦。"

"好。"

我一直不想让儿子这么辛苦，可现在居然让儿子这样，我总觉得这是自己的过失，可不可以不让孩子这么辛苦呢？他自己还不认可。

前两天我还在暗中生气，觉得儿子太娇气，矫正牙齿后疼得不敢吃饭，我总觉得男孩子应该更坚强。现在想想，儿子将近三天没吃东西，还在坚持这样超负荷地学习，我应该心疼和佩服才对啊！

儿子长大了，我感受到的是他一天天的成熟、一天天的变化。

前天，儿子又告诉我："妈妈，你帮我要点题，总觉得自己手生，手头没有题可做，还是想练练手。"说实话，他自己特别清楚自己的优缺点，特别清楚自己应该做什么。我这个做妈妈的，是不是太幸福了呢？我要全力支持儿子，让儿子在快乐中成长，在自由中发展自我！还给儿子一个自主的空间、一个幸福的青春！

他的选择、他的坚持，就是我全力以赴要去做的事。加油！妈妈的大宝贝！

29. 活着为了什么

2015 年 1 月 21 日。

昨天我去接儿子，让儿子放纵一下，下午逃课回家录歌，可晚上还要回去上竞赛课。"要不咱们就彻底休息一天，行不？""这个真不行，竞赛耽误会跟不上的，下午的课应该没太大问题。""那好吧！"我只能屈从了。

"妈妈，你说我们班王同学，他多吓人，满脑子都是仇恨，他恨整个社会，他说只要不合他的意志，即使是他父母，他也不放过，我们四个劝了他好长时间，没用，吓人吧？"

"那他岂不是学得越好危害越大？"

"是的，不过劝完他之后，我倒想明白了一直困惑我的问题，我为什么活着？为了爱，为了让爱我的人和我爱的人更幸福。其实学习也是一样的，学得好，他们才会感觉更幸福，我也会更幸福，其实也是为了这个社会、这个国家，你说对吗？"

"儿子，你要想到这些，那你就太厉害了！"

"我特别开心，因为我终于想明白了！"

"妈妈也特别开心，妈妈从事教育工作，一直想让学生这样，你能这样想，妈妈知足啦！"

孩子本来应该这样，可为什么孩子成长到这样这么不容易？好在我等到了，不为名，不为利，只为爱，这是我的人生观，儿子能这样想，他的人生就会特别幸福！

祝福儿子！

儿子每天跑步1小时，他能坚持下来，我服了！加油，妈妈的宝贝儿子！

这半年的坚持真的是煞费苦心，如果没有智慧，如果没有细心，我想事情可能会有两个相反的结局。每个做父母的，谁不想让孩子好？这个动脑动智慧的过程是必不可少的。

（二）平稳阶段的彷徨与执着

1. 心疼

2015年2月1日。

儿子正畸这件事一直是我的一块心病，因为他的牙长得多，这都是拜他老爸所赐，没办法，想恢复正常就得拔牙。这对于我这个妈妈而言，实在是难以接受。记得小时候，儿子打针，我就会在外面哭，直到儿子打完针了，我才能进去陪着他。我没有办法接受儿子好好的牙就要拔去的这个事实，但牙多，会里出外进，这毕竟是事实。

我十分矛盾，在这种情况下，我们决定先矫正一段时间再说，结果发现没有太大的意义。决定拔牙对我而言比儿子还痛苦。

2015年1月23日和2月1日，儿子总共拔去了四颗牙。儿子拔下来的牙都很壮，用医生的话来讲，这些牙比别人的都结实，将来只要保护得好，到多大岁数牙口都会特别好的。

儿子小时候刷牙很早，而且每天一定是早晚刷牙，特别是我们给他进行了窝沟封闭，这样孩子的牙齿保护得就特别的好，虫牙是没有，可是模样却不好，这是"天灾"，是没办法改变的事实。

儿子拔牙真的让我心疼。无论儿子长多大，我都看不得儿子的痛、儿子的苦。打麻药的时候，儿子抖了一下。"孩子疼了。"医生看了我一眼，"正常，这都多大了。"

"可我还是不愿意看儿子疼的样子。"

医生很理解："那是你心疼，实际上没那么疼。"是啊，我看了看周围，太多的人都躺在椅子上看牙。尽管可能有各种的病症，但我还是觉得心里不愿意接受，因为他们都是先疼的，我们是医生拔完再疼的，这完全是两码事。

"是啊，从小到大，我就看不得儿子打针或摔倒。没办法，当妈的就没法接受，不过看看我大儿子，也是挺坚强的。"

"你儿子可比你强多了。"

"这话我爱听，儿子就应该比妈妈强。"医生笑了，我也笑了。

儿子今天有一颗牙长得过于结实，医生足足拔了有10多分钟，累得歇了好几次。但越是这样，我真的是越心疼，那可是我身上掉下来的肉啊！儿子又得疼两

93

天。晚上，儿子的头一直在疼，还是很遭罪的。加油，儿子，明天就会好的！一切都会好的！

2. 成长中的儿子

2015年2月11日。

这两天，儿子终于可以休息了。说实话，我也长出了一口气，他学习没说累，可我觉得我都比他累，儿子太辛苦了。

按计划，儿子的作业也接近了尾声，儿子有他自己的想法。学吧，年轻时吃点苦还是值得的，他自己认可，我就认可。

前天，儿子参加数学竞赛，考了90多分，告诉我考得挺好。我没太反应过来。儿子有些不太开心，"怎么啦？不开心？"

"你说我怎么开心？考试累得头都疼，感觉筋疲力尽了，告诉你考得挺好，你连一句表扬的话都没有。"

"这事妈妈心里也没数啊，那是妈妈错了，妈妈大意了，对不起。妈妈回家给补。"

"这还差不多。"孩子永远是孩子。

晚上回家给儿子削了苹果，"儿子，你太厉害了，妈妈奖励苹果。"儿子笑了，好幸福！

每天早上儿子出门，我都会拍拍儿子说："加油，儿子！"婆婆居然都发言了："你天天是鼓励式教育啊！"是啊，儿子就是我夸大的，至少到目前为止还是有用的。

儿子越来越懂事了。爸爸去打针，车里东西还很多，"妈妈，我累但我没生病，我们把东西都拿回去吧，少留点，爸爸生病，手还打针，不能多拿东西的。"

"儿子真是懂事了，知道心疼爸爸了。"

儿子满脸自豪，"那是！"

我和宏伟都收获了一份感动与幸福，儿子长大了！

> **热帖分享（九）**
> 期待成长，静待花开，但父母永远不能缺席！

3. 盘点

2015年3月2日。

我家全员开学，又恢复了生活的常态：5:20起床，宏伟做早餐，我收拾床，儿子洗漱吃饭，6：00准时出发。现在是19:43，在车里等待20：00放学的儿子。这就是开学后的生活。

我觉得，这个寒假儿子很辛苦，他又长大了！

按照计划，他在上完竞赛课的情况下，提前一周完成了作业，看到儿子那份小满足、小得意和小放松，我也好开心！

似乎这个假期儿子只认真休了四五天，打了两次羽毛球，踢了两场足球，当进球时，他会在第一时间打电话与妈妈分享，一起看了几次《快乐大本营》，一起听了几次《中国好歌曲》，一起玩了几次节奏大师，一起感受《狼图腾》的震撼，一起贴对联，一起背《道德经》《蜀道难》《琵琶行》，一起做了太多事情……我明白儿子的辛苦，所以我要想尽办法陪伴儿子体会幸福！

我特别庆幸自己是老师，可以有时间陪儿子。这个寒假，我把握住了手中的幸福，我享受到了幸福！与儿相伴！

4. 进与退

2015年3月9日。

学习如逆水行舟，不进则退；人生亦如此，每时每刻。

儿子整整休息两天，而恰巧这个周末有儿子喜欢的西甲联赛，这个足球赛，让儿子看得就没离开过电视，同时又看了《快乐大本营》《奔跑吧兄弟》，还有《中国好歌曲》，这可是玩个够了。洗了个澡后，他又玩了几把游戏，写了作业。

我提醒他，英语的 one minute 在桌面上，他答应了，但直到21：20，依依不舍地一边看着电视，一边和我说："妈妈，我现在用电脑背英语吧。"

"你不是说就一分钟的事吗？那就等睡觉前再背吧。"结果，这个事情远远超出了想象。确实是一分钟，可是要以听力中的语速，说白了，就是外国人的语速，在一分钟内，背熟的同时，既要求熟练，又要求语速，哪一样差一点都不行。这下儿子可傻了，他以为就几分钟搞定的事，可是眼看着时间在飞速地过去，熟练程度还不够，所以一分钟很难背下来。儿子心情开始不好了。

"我说先背，你非得让我睡前背，越着急越背不下来。"

"你不是说一分钟的事吗？我在这之前提醒过你好几次，可你都没当回事，你这个时候来埋怨别人是不是不对啊？两天的时间，你都做了什么呢？"

儿子看看我，没有出声。他还在执拗地背着，其实已经是很熟练了，可他的速度还是不在一分钟之内，他就一直努力地读着，听着他声音都有些哑了。

95

"要不洗漱睡觉吧，别读了，明天也许再读两次就好了。"

"没事，我再读两遍，就应该行了。"儿子的心情已经平和了。他又坚持了两遍。终于满意了，他才不紧不慢地去洗漱了。看着儿子，我有些不能理解，他太不会变通，比如，这么难就对付一下吧，在他这里是行不通的，也许是好事，也许并不是好事。

我们睡觉的时候，已经是23：00多了。学习就是这样，你不先努力，你就会落在别人后边。这件事是个教训。我觉得就是这个周末做事太没有计划性了，导致出现了这样低级的错误，看来需要和儿子唠唠嗑了。

学习如逆水行舟，不进则退！懈怠了，再去紧张似乎就太难了。习惯养成之后还是要努力坚持，看来坚持太重要了。这个周末，我这个当妈妈的有责任，应该时常清醒地进行反思。

儿子骨子里的东西是不会改变的。周六下午我们去买鞋，因为他的脚长得太快了，一年一定得买几双。到了商场，他很喜欢一些好看的鞋，但他不会看贵的鞋，他到了阿迪达斯和耐克那里，只是看看。"怎么那么贵？哪里值那么多钱？"然后，他就会义无反顾地走了。

通常我们给他买的鞋都会在300元左右，这个价钱的鞋穿着还是很舒服的，又不太张扬。我一直告诉儿子，家里没有钱过很奢侈的日子，我们只能过最普通的日子，如果想过好日子，想做其他的事情，那就只能靠自己的本事去挣。爸爸妈妈这一辈子的能力，只能够养老养小，别的都不够。

儿子是懂的，所以儿子从来没有很奢侈地要求过什么。儿子花钱也是特别仔细的，但不抠。我想，儿子以后的日子会过得很好的，但就不知道他能把自己的人生写成什么样子，我们做父母的也只能是适当地教育和引领了。

但愿可以让儿子过得更合理、更舒服些！加油！宝贝！

5. 认真做事

2015年3月12日。

儿子要去讲课，这件事情是我全力支持的。

年前，他就和我商量，讲点什么合适，他总觉得讲理科的人很多，所以很想讲点文科的内容。儿子是有自己小想法的，因为毕竟他们是理科最好的班级，同学们的理科都很强，而他在他们班语文和英语基本算是最强的，特别是这两科讲的人少，这样机会就应该大一些。儿子做事就是这么认真，认真分析，认真思考。

腊月三十的时候，他给自己安排的事就是备课，还做了PPT。显然，儿子的态度我是特别认可的。我特别喜欢儿子对公益事业的态度，他对锻炼的内容都很重视，从不打折扣。我觉得这是一种境界，就像有些孩子觉得这个与高考也没有关系啊，那我就没有必要参加，儿子不这样，他会觉得这是个机会，是个成长的机会，是一个让人锻炼的机会。

这两天，可能是要出去讲了。他们老师听了两次试讲，提了些意见。又问他："你给你妈妈讲了吗？"儿子如实回答了："我妈妈让我对着墙讲了，没有具体听。""那你这两天得让你妈妈给你润色一下语言，帮你提一下意见。"

儿子在前天向我布置了任务，其实我没太当回事，儿子的事我很少直接参与具体的内容，我总觉得他必须自己去做，才能成长。

昨天晚上，儿子问我，"是先讲还是先写作业呢？""不讲行不行呢？"我开玩笑地问。我看到了儿子脸上有着那么一丝的失落。"开玩笑呢？你先讲吧，这个可能时间要长，回头再写作业。"儿子对老师交代的事情从来都是这样一丝不苟，我们两个从21：20开始，一直讲到了22：30。

最开始的开场白，有点不连贯，"妈妈，我怎么还有点小紧张呢？""傻儿子，在妈妈面前紧张什么，妈妈就是一个大号的土豆或白菜啊！"我们两个都笑了。笑过之后，儿子就很自然了。儿子在整个过程中，对我提出的问题或修改的内容，都是特别认真地学习，同时他也进行了思考。

儿子是个很懂教育的人，他会及时地表扬我。"妈妈，你不愧是教语文的名师啊，一切都在你的大脑之中，随口举出的都是最典型的例子。"

"你没看这是谁的妈妈吗？"

其实，我知道，儿子对我和宏伟是发自内心地佩服，从他有印象以来，他就发现了我们两个对学生负责任的态度，对学生的好，对家人的好，对太多人的善良。他还发现，我们两个都是在自己学科里的佼佼者，所以这一点一直是他的骄傲，是他成长的资本。他曾经讲过，妈妈是教语文的，我的语文怎么能不好呢？特别是上高中后，儿子刚开始不太会答题，他让我帮他讲一次，我给他讲了一次之后，他的收获非常大，他对我的佩服那真是发自肺腑的。不能说是仰望，至少，他很多的时候会特别愿意听取我的意见。所以，想让孩子佩服你，一定要让孩子了解一些你优秀的东西，你一定要给孩子信服你的理由。你也许没知识，但你可以在你的品质上征服孩子。

"知道妈妈当初为什么帮你决定选这个吗？这回讲完后，你成语这部分应该问题就不大了。"儿子会心地笑了。

"那我岂不是做了好事，锻炼了自己，还收获了高考的知识？我得把涉及到的成语全背熟。"听着儿子不太功利的调侃，我释然了，儿子的心态是平和的。

97

"讲课就应该这样,你总不能结结巴巴地讲,这样哪个学生都不爱听的。"

"明白。"儿子满足地回屋做作业去了。

23:00时,打开儿子的屋门,看到了儿子认真学习的背影。"儿子,该睡觉了。"

"好的。"儿子对待事情就是这样的认真,祝福他能有自己的收获和幸福!

6. 关于作业

2015年3月12日。

作业应该是吉大附中最经典的话题,因为他们的作业是出了名的多。我们从最开始的态度就是坦然接受。

上了高中,他们的作业比我们预想的要多。用儿子的话来说,班级刷作业最快的同学,也要刷到后半夜1:00。在我家里,有一件事是不允许的,就是超过23:00睡觉这个事,如果那样,孩子第二天白天上课一定会困的,儿子赢在哪里?就赢在听课效率上,如果这一点都保证不了,那成绩自然就没有办法保证了。

前天晚上,接儿子放学的路上,儿子说今晚的作业不知道怎么办呢?说实话,一个老师是不可能没事留一些没用的作业的。我想来想去,不能从这个角度去和儿子说。面对这样的作业,怎么办?我觉得只能用一些调侃的方式,然后再想办法引导他,如果直接从老师的角度去说,儿子一定会反感的。

"儿子,要不妈妈今晚就把你觉得没太大必要做的作业撕了,然后你就和老师说,我妈昨晚得老年痴呆了,把我的作业都撕成条了。"我借助了小品中的情节,和儿子调侃,这样一下子就让气氛不再那么压抑了。

"那得撕多少啊?"

"看你的量,你觉得写不完的妈妈都撕了。你看妈妈讲究不?"

"讲究。"儿子乐了,看到了儿子脸上的笑容,我觉得真的很开心。

"要不,咱们还可以选择生病,一点都不写,不妨我们今天就彻底休息一下,反正你考试了一晚上,妈妈知道你特别的累。"

"那不行,谁不是考一晚上啊,大家都很累,这个根本就不是理由,作业还是得写的。"儿子永远都这么正统,我和宏伟私下里一直觉得儿子不太会变通。

"妈妈还有个办法,你只写明天必须查的或者必须交的,其他的可以选择性地不写,但睡觉一定要保证,23:00前一定要睡觉,一来可以保证睡眠时间,保证明天的听课效率,最主要的是我们还要顾及身体呢,身体要紧,不能因为学习把自己累垮了,身体还是很重要的。"

"这个靠谱，我琢磨一下吧。"

在 23∶00 的时候，儿子开始洗漱准备睡觉了。

后来他告诉我："我听从了你的建议，这个还是靠谱的，做了一些必须做的。正常睡觉！"

我喜欢和儿子进行这样的交流，让他思考，让他选择，这样儿子才能逐渐地走向独立。我不想从正面进行一些让孩子反感的教育，其实很多事情是有很多方式可选择的，就看你怎么去想。

关于作业，儿子一般在班级都是完成得最好的一个，但我从来没要求过他"你一定得完成作业，不然会……"。这样的话，我一次都没说过，如果不让他写，他会觉得不行，他会更认真、更努力地去做！

很多事情，也许应该换个角度去思考吧，这样是不是效果会更好呢？

热帖分享（十）

压力往往是最好的动力，登台讲课也好，大量作业也罢，换个角度思考，都是一片晴天。

7. 软弱与坚强

2015 年 3 月 17 日。

我一直以为，儿子上高中之后，很难看到他再哭了。以前和儿子谈话，每一次，儿子都会发自内心地哭出来，对问题的认识似乎也更深入。但我不喜欢他哭，毕竟他是个男孩子。

感觉自从上了高中，儿子就不怎么哭了。他有了属于男人的坚强。但也可能只是未到伤心处。

这两天，对于儿子来说，我觉得可能有一种重生的感觉。从初生到现在，儿子的生活太过于一帆风顺了。在整个读书阶段，只有上小学的时候，择校花了点儿钱，后来一分钱没花，各个学校都抢着要他，他内心的优越感从未消失过。我一直琢磨着让他接受一些挫折教育。

星期五接儿子的时候，在儿子的脸上见到了少有的严肃。"帅哥，怎么啦？"其实我对儿子的称呼以前一直是"大宝贝"，当然是在没人的时候，有人的时候，就是直呼其名。后来我觉得这样不行，孩子长大了，偶尔的称呼也会让儿子不舒服，于是就改成了最时尚的"帅哥"。

"遇到大事了，没想到的事发生了。"

"很大吗？"

"很大，我觉得很大。"看到儿子的表情，我觉得可能是有什么事触碰到了儿子的内心防线。

"没事，天塌了有妈妈在，什么事都不怕。"

"那我们在车上谈吧。"

"好的。"儿子坐到了车里。

"今天老师找数学竞赛的人谈脱产的问题了，没有我。"儿子说到这里的时候，我能感觉到他内心的沉重和不舒服。

"没事的，妈妈以为你出现了什么不能解决的问题。"

"可目前看来，这件事情是很难解决的啊，本来以为，脱不脱产都无所谓的，可他们现在排了课表，不是自己做题。我的优势在听课上，只要我在听课，我就比他们效率高，就会比他们强，可现在我听不到课，他们多学了，我哪里还有竞争力了？我会被人落下多远啊！"

"没事，你自己可以做题的。"

"可那不一样的。"

"可为什么没你呢？"

"我原来一直觉得应该有我。可我去问老师，老师觉得我的课内课程不是很稳定，所以不能脱产，可我自己觉得不是这样的啊！"看到儿子的自信被撕裂，我的心里很痛，但儿子一定要经历这些的。

"其实，你不是也一直和妈妈说你没有努力吗？甚至你和妈妈说，你还没有来得及学习，高一的上半年就过去了。你总在说，等到高三再努力，看来别人是不会等你的了。"

"我知道，可我就是不认可。"儿子的情绪很低落。

"但妈妈觉得这倒是一件好事，最起码你对自己有一个正确的认识了，以前可能自己没有正确估计形势，现在看来，班级的能人太多了，我们及时有了这个正确的认识，最主要的是耽误的时间还不算太长，挽救还有机会，其实爸爸妈妈以前也提到这些问题，可没有引起你的重视。我知道，这一天迟早得来，只不过它来得早一些，妈妈觉得这是件好事。它让你对自己有一个准确的定位，免得去浪费更多的时间，你觉得呢？"儿子陷入了思考。

"晚上回家再和爸爸聊聊。"

这一晚，注定我们家里是不平静的。我们三个人，对儿子上高中以来的一些情况进行了全面细致的分析，真的，很长时间都没有这样安静地商讨了。

我们达成了共识，努力应该从现在开始了，改掉一些不好的习惯，让学习有计划，高效起来。

这个周末，儿子改变了很多，我很心疼，其实我更愿意看到儿子在屋子里晃来晃去的样子，可现在看来是不行了。而儿子刚刚安静下来，我倒有点不适应了。我去儿子屋里骚扰了几次，后来觉得有点过分，自己就悄悄地待着了。

想来，这对儿子来说，真的是人生中经历的一次大挫折了，但儿子的心态调整得还不错。到昨天晚上，儿子就已经在平静地学习了。但感觉还不是特别开心，一切总得慢慢来。这次经历，让我觉得儿子静下来许多。这可能就是成长吧？

1.80米的个头，将近180斤的体重，我看到了儿子的强大，在竞技体育中的坚强，但我也看到了遇到事情时他孩子般的脆弱。作为父母，这是孩子最需要我们的时候，我们要努力成为孩子心目中最强大的依靠，一生的港湾！

每个人都是两面的，我想让儿子强大，但我们要容许他有自己脆弱的一面，这说明他的内心在思考，他在正视人生！走向成长，走向成熟！加油！妈妈的大帅哥！大宝贝！

8. 寂静的夜

2015年3月21日。

一直觉得儿子去永吉四中讲课，我可以补一大觉，可内心的失落却让我无法入眠。

每天陪儿子到23:00，亲一口儿子，贴一下脸，道一声晚安，无论多么疲倦，我内心都会有一份踏实，转身就睡去。可今晚辗转无眠，儿子知道我的担心，说实话，早上3:00起床，4:00我想和老公一起去送儿子，可老公说：孩子大了，我自己去吧！我没说什么，以前无论是军训，还是社会实践，我们两个都会送到位置再离开。是该放手了。照片上的儿子比爸爸还要高大，他真的是大小伙子了！我们完全可以放心了。

儿子还是了解我的，从上车到目的地，发了五条短信。晚上吃完饭，又给我打了一个电话。我心里踏实很多，但也多了份落寞。这可能是文科人的感性吧？

这样的锻炼，收获的不仅是孩子，最主要的还有我。孩子的成长需要太大的空间，家长及时放飞，他们才会飞得更高，更远！

9. 一次难得的经历

2015年3月22日。

和儿子聊了他这两天的经历，儿子乐此不疲地和我说着，仿佛有太多的话想告诉妈妈，我就在他屋里的床上认认真真地听了将近一个小时。

儿子的课讲得很成功，他体会到了学生不听课时作为老师的无奈，看到了好班与差班的巨大差别，也体会到了作为一名教师的不容易。总之，他当了一次老师，有了太多的切身体会，更多的是说了一句："妈妈，你们当老师挺辛苦啊！"儿子了解了这个行业，体会到了其中的甘苦，这也就足够了。

儿子去住的这家，是齐同学的家。用儿子的话来讲，他是个典型的宅男，除了游戏就是动漫，这是他生活的全部。他的中考成绩是410分，现在在永吉四中一个普通班里。儿子告诉我，别的同学都在昨天晚上玩得很尽兴，只有他用了两个小时和这个小同学谈了人生。儿子夸张地说了一句："我当时觉得就像妈妈附体了一样。"

我问他："有没有理想，有没有目标？"

"没有。"

我又问他："老师和你谈过这个问题吗？"

"没有。"

"你父母和你谈过这个问题吗？"

"没有。"他的回答一直都是没有。"我就和他讲了理想和目标是什么，怎么树立自己的理想和目标。有目标和没有目标的区别。然后，我和他交流了怎么学习能学得更好，让他多做题，高效听课，周末少玩游戏。我还教给他一个解决玩电脑的办法，给自己规定时间去玩，让自己玩电脑合理化，在父母的控制范围之内。按一定时间减少一个小时，这样到这学期末，他就应该把周末玩电脑的时间减少到一个小时了，否则他会玩两天电脑。"

听着儿子的话，看着侃侃而谈的儿子，我忽然发现，儿子会思考很多东西了。

"其实，我一直在关注你和丽丽姐（大姑姐家孩子），你和青天哥（二姑姐家孩子），还有景涛小伯伯（宏伟舅舅家的孩子），包括你和李海（大姑姐家的男孩）的谈话，尽管你没和我谈，但我能理解你的良苦用心，我忽然发现，那些道理其实都在我的骨子里，随时都可以拿出来。你让他们每一个人都从农村走了出来，你改变了他们所有人的人生轨迹，我觉得你说的是对的！"

儿子又在说他自己讲课的事情，在非重点班反倒讲得多，因为没有太多同学配合，学生回答问题的时间就少。他讲到同学对他们的热情，他还讲到带队都特别有趣，在儿子的眼中，这一次的经历，有太多的乐趣，也有太多的收获。

"妈妈，我是不是会改变他的一生呢？"

"也许能，也许某一句话可以触动他的心灵，这样你会是他一生的朋友。"

"其实帮助一个人后我的内心真的感觉很好，尽管我没时间玩耍，但我觉得自己收获是最大的。也许我就改变了一个人，还可能是他的心灵导师呢！"

"我儿子真了不起。"

"那是，他的父母很喜欢我，特别是他母亲，中午还特别邀请我再去她家吃饭，可学校不允许了。但我还是很开心的。因为他们把我当作了朋友。他妈妈还要了你的电话，她会和你打电话交流的。"

"妈妈一定会热情对待她的。"

儿子收获了他人生第一次这种经历后的体会，他在思考。我想他也会对自己的人生做一次重新定位吧？

晚上，很累的儿子又在准备明天的辩论会，老师指定让他去辩论，我从来都是支持儿子做这些事的，但儿子太累了，看着儿子累得都有些睁不开眼睛了，我让儿子放纵了一次，"要不妈妈就说你晕车了，然后就不写作业了。"

"我努努力，明天起个早，尽量多写点，不写是不应该的。"每次我都是处于这样一个位置，扮演这样一个角色，但儿子还是有自己的坚持。

加油，宝贝！妈妈永远支持你！

> **热帖分享（十一）**
>
> 教育是无声无形的，是点点滴滴的渗透，传统的有声教育是当今孩子最为反感的教育模式。

10. 总得有这样一段经历

2015年3月26日。

这段时间，我感受到了儿子的学习状态不好，但已经不能调整过来了。

从上周五回家，他开始准备去永吉四中的东西和讲课的内容，就没太休息好，睡觉的时候应该是在23：30左右，结果第二天早上3：50起床，这对于儿子这个年纪孩子来说，简直就没有办法承受，他们需要的睡眠时间应该很多。

5：31：上车了。

6：47：要下高速了。

7：04：到收费站了。

7：21：到了。

这是儿子的行程。后来儿子上了五节课，开了节班会，在同学家睡觉的时候，他居然失眠了，他在3：00又起来了，感觉这两天他就没有睡觉。外加坐车，他一定会很疲劳。

本来，回家后，想让他彻底休息，可还有作业没写，还要准备辩论会。我都要疯了，我一直觉得有些事情真的太累了，很难想象要怎么熬过去，就像鬼班，有些时候，你觉得那简直就不是人能挺得过去的，可过去的就过去了。

带来的直接后果就是儿子在上课时间睡觉，这一周基本都没有完成作业。

"妈妈，我现在坐在第三排，可我今天在班主任的课上睡了两节课，她居然没管我。太不可思议了。我实在挺不住了，估计是她知道我太累了。反正我什么也没听，坐着都要睡着了。这我可真是头一次呢。"

这就是我和儿子，即便是他犯错误，他也要和我讲一讲。他知道，我对他的关心和理解远远大于对他的责备与批评。"没事，老师能理解，你太累了。要不明天回来就睡觉，一点作业都不写了。咱们就说生病了，怎么样啊？"

"我尽力写吧，如果挺不住的时候，我就不挺了。"

"那是，我们尽力就行了。妈妈知道你承受的太多了，你还是个孩子，尽管已经是个大小伙子了。"儿子用小眼神扫了我一眼，露出了诡异的一笑。这就是我们娘俩。

其实，有些时候这种理解往往可以让事情往好的方向发展。他是个会自己尽力的孩子，我们让他休息，他反倒自己不好意思，会努力去做。如果一味地去要求他，他做作业也是对付，一点效果都没有，为什么我们还要违背孩子的意愿让他去做呢？

说实话，不写作业与不听课，对儿子来讲真的是头一回，连他自己都觉得新鲜，所以他认真地和我讲了。我说："那你就尽快调整，这一周就算调整期，调整好状态，好准备月考。"

"这周是没怎么学习，周末调整吧。"

家长理解的同时，也要让孩子有节制，不能无休止地做下去，见好就收。让孩子舒服，你自己心里也平衡。这种相对的让步实际上是解决孩子问题的最好办法。

看来儿子真得在这个周末调整过来了。作为一名学生需要有这样的经历，如果连翘课都没有经历过，连上课都没睡过觉，连不写作业的事都没发生过，那未免也太遗憾了。儿子在最紧张的高中，恰恰补上了这样一段经历，这也是一种收获，一种人生吧？

11. 儿子，妈妈错了

2015年3月30日。

一直以来，我以为自己懂教育，但现在看来，自己也是理想化，具体做时还是会出现一些偏差。昨夜我失眠了，感觉自己就是个白痴。

总想让自己的儿子过得舒心，过得快乐，可现在自己做了什么？我觉得自己和其他人没有任何区别，总是为了孩子的将来好。但我发现，就是在这样的一种心理下，我犯了一个连自己都不能原谅的错误。

我郑重地向儿子道歉："儿子，妈妈错了，妈妈不应该站在自己的角度和你谈话，让你觉得有太多的压力，这是妈妈的错，妈妈一定会改的。"

早上我把自己的想法和反思告诉了老公，直接就向老公承认了错误，但我还是得向儿子道歉。

这个周末儿子休息了两天，按他自己的规划在做事。可我总觉得儿子的努力程度还不够。本来没想谈话，可听着儿子对自己的满意，我心里有一点点不平衡在作怪。这可能就是做妈妈最坏的心理：现实与理想的落差，一旦有这种高期望，看问题的角度、谈话的角度就变了，变得很不理智。

其实我知道儿子这两周特别的累，无论是身体还是心理。但正因为如此，我总觉得他应该付出更多，既然我们都选择了这条路，心里定了目标，就应该付出更多的努力。

儿子在这个周末想彻底调整一下自己的状态，所以自然就出现了一些我认为的差距，可谈完话想来，他已经做得很优秀了。高一的周末，他的大部分时间是坐在自己屋子里学习的，我这个做妈妈的不但没有表扬，反而觉得还不够努力，现在想想，真的觉得自己有些过分了。

他看了两个晚上的电视，看了《我是歌手》的决赛，同时玩了电脑游戏，看了《快乐大本营》，看了王自建的脱口秀，因为这些都是他喜欢的。可他在没做这些事情的时候，他确实是在学习啊！难道我想让儿子成为学习的机器吗？这不是我所想的啊，可为什么面对这样的现状时，自己就不能摆正心态呢？我知道儿子就是这样一个爱好广泛的孩子，如果让他一味地学习，可能一点效率都没有了。他都在按照自己的时间、自己的规划在做事啊！他有自己的想法，我怎么能过分干涉孩子呢？

儿子的倾诉，触动了我的心灵，我认真地听了每一个字，每一句："没有一个孩子是对学习有特别大的兴趣，主动去学习的。当然，这不怨你们，这是教育体制的问题，谁喜欢每天堆在一堆试卷里边，谁不想坐在那里静静地看一会儿书，听听音乐？但没办法。我学习，是因为老师那么喜欢我，每一位老师都觉得我很优秀，每一位老师对我都有一份期待，我也不喜欢学习，但我不讨厌学习，我想学的时候，可以学好。我做题不是乐趣，但我做得下去。我学习有两个原因，一个是我遇到了太多太优秀的老师，让我觉得自己不好好学都对不起这些老师，还有那么优秀的父母，我不好好学更对不起你们两个。还有一个原因是，我想有自己的事业，我想做点事，我的起点不能太低，我要考一个好一点的大学，我才能去创业，去做自己喜欢做的事。"

我再一次审视了自己，审视了自己从事了20多年的教育工作。我们在做什么？我们一直在努力地摧残着孩子，我们还会把话说得冠冕堂皇。我有一种犯罪感，对我的学生，对我的儿子，本来可以让他这个周末很开心，让他很幸福，可我却让付出了两天的儿子心情变得很糟。当我意识到这点的时候，我努力地去挽回，和儿子调侃了一些开心的事，和儿子倾心交流了自己的真实想法，谈到了我们的理解，我们的支持，包括我们对待他的态度，让他感觉到我们对他的爱，对他的包容，还有对他那种无条件的理解。

儿子也是个很感性的孩子，最后似乎不再介怀，可我的心里却一直没有办法平静下来。昨夜又是一个失眠之夜！

生活已经眷顾我太多了，我应该知足的。儿子学习没让我操心，儿子的人生有自己的规划，儿子的情商很高，我不知道自己还想追求什么。但今天我明白了，我告诉自己，我的追求就是不再让儿子不开心，我会让他成为最幸福的孩子，我一定可以做到！

热帖分享（十二）

父母的认知，尤其对错误的反思能收获孩子更大的成长，往往事半功倍。

12. 疯狂足球

2015年4月14日。

现在儿子的整个心思全在足球上。这个周末，儿子过得放松开心，可能这也是源于我的本心吧，我觉得这样的周末我是认同的。可从老师和家长的角度还是有一些小担心，不过也只是放在心里。

11：20考完月考，儿子他们就组队去了文化广场，结果没想到有人在踢球，于是又回到了大操场，那里全都是土，根本就看不到草坪，可对他们来说，没有任何的妨碍，只要有地方，能踢足球就行。晚上快18：00了，儿子才到家。

第一次，我没有一点干扰地让儿子自由自在地过一下午。以前是不放心，即使是现在，我也不放心，但我知道，他终究是要独立的。所以，我没有打电话。儿子告诉我，他踢完足球之后又去初中学校看了老师。说实话，我很喜欢儿子的有情有义，一个人知道感恩，他就不会比别人差，因为他心里在传承着一种最为美好的东西。

说是疯狂足球，是因为儿子只要看到我，第一时间就会告诉我，今天他有几个进球,有几个助攻,谁踢得怎样了,他自己哪里有优点,哪里有缺点,他会分析得头头是道,不厌其烦地和我谈着他们今天有关足球的故事。

说是疯狂的足球,是因为回家后的儿子就会边看电视,边在电脑上踢球,踢到高兴处,会兴奋地大叫。

说是疯狂的足球,是因为他每天都在琢磨着,是不是应该组个球队进行长期的训练呢?

说是疯狂的足球,是因为他每天想的就是,这套足球服里边穿哪个衣服会更帅气呢?

说是疯狂的足球,是因为我们家厕所里边放着的都是足球方面的杂志,看进去就会没有时间观念,这种喜欢已经达到一定的程度了。

我经常调侃他:"你都1.80米了,还踢足球,那是不利的条件,应该去打篮球。"儿子就会举出很多著名的球星的例子,某某1.90米多,球踢得多好,某某1.80米多,技术多过硬。我无话可说。

于是这个话题只剩下一个点:足球也要有度啊!自己小心别受伤!经常会看到他负伤而归,自己找药往上喷。男孩子这样倒是很好,他不再像以前那样,受点小伤就很在意,很是矫情。我知道:没有经历是没有办法成长的。他喜欢足球我也认可,这是一种竞技,可以让他有一种竞争意识。但他有点太疯狂了。

也许事情总会有很多角度吧,当他喜欢足球的时候,也就无暇顾及其他了。当他喜欢足球的时候,也锻炼了他男人的气质。当他喜欢足球的时候,他生活里有了一个发泄的渠道,他可以尽情地让自己的情绪宣泄出来。那就让足球作为儿子生活的最佳调剂品吧。全力支持儿子!加油,大宝!

13. 不知道

2015年4月14日。

我借用一下婆婆的词,当她一件事情弄了很长时间还弄不清楚的时候,她就会适时地说:"不知道!"那种声调,那种语气,只有儿子学得最像,每次儿子模仿的时候,我们在饭桌上都要笑到喷饭。

我今天说不知道,是因为我觉得我真的不知道,作为吉大附中最好班级的学生应该是什么样子。我一直以为,儿子在这样的班级,一定也会像其他孩子一样,每天扎头就是学习。然后"两耳不闻窗外事,一心只读圣贤书。"

可我发现,这简直就是大错特错。儿子似乎没有比初中多学多少。每天23:00之前必须睡觉。有时候,作业太多,我就会帮一点小忙,"妈妈帮你弄丢些,或者妈妈帮你撕掉些。"

当然，这是不行的，他会制止我："还是算了吧，你还是老师呢！"

"作业可以做不完，否则太晚了，明天没办法听课。"

后来发现，儿子很多时候都写不完作业，我有些担心了。但儿子一直有着满满的自信和洒脱。考完试后，看着儿子一点都不担心的样子，我就问他：

"你就不担心自己的成绩吗？"

"为什么要担心？担心和不担心有区别吗？我和其他的同学不同，我们班有太多的学霸，但我不可能做到那样，如果天天只是学习的话，生活还有什么意义呢？我对这些很淡然，没什么想法，再说了，我怎么可能会考得不好呢？"

"可你的自信是哪里来的呢？"

"我就有这点自信，这可是我这么多年考试没失利的法宝。我考试前从来不复习，考试从来都特别平静，成绩出来也特别淡定，所以我的心态特别好。"

这段对话真的让我无话可说了。儿子真的是太淡定了，至少比我淡定。他不会去争第一，但他也不会离开前边太远，他的心态也许正是真正最好的心态，这样的孩子应该是最幸福的。因为他面对一切的时候，都应对自如，他会看淡一切，但他会为自己的不足而努力，这就足够了。

看来教育真不是一朝一夕的事，有些事还是要多经历啊！我也是需要锻炼啊！作为做了20多年教育的人，我一直担心自己落伍，怕跟不上儿子，看来我应该努力了。也许儿子的想法才是最适合他的做法。其实，世界上没有最好的教育，最适合孩子的才是最好的。如果每天都让儿子坐在那学习，可能儿子的整体状态就全然不在了，这个人也就颓废了。

教育中有太多不知道的领域，我现在是需要学习与思考的时候了，我要努力跟上儿子的节奏，让自己的头脑也灵光起来。我一直在反思教育，可现在我只想说，自己对教育的了解还是太浅薄，用"不知道"来概括应该是很准确的。也正因为不知道，所以我更应该努力去思考，毕竟自己还是想为教育做点事情。

14. 偶像包袱

2015年4月15日。

每天晚上准备第二天穿什么的时候，儿子都会很纠结，他想穿得帅气，又怕温度不合适，所以每晚他都会精心准备第二天的穿着。

以前我在教育学生的时候，一直有这样一个观点：高中学生，就不能让他们美，一旦这样，就容易衍生出其他的想法。心思外流之后，再想收回来是很难的。但今天，遇到自己孩子的时候，我发现，我的想法变了，不是因为他是我儿子，而是我觉得这个时代不同了，我喜欢看到儿子打扮帅气的样子。

前两天给儿子买了大格子的衬衫，本来是夏季穿的，可他在里边穿了一件特别薄的线衣（目的是为了搭配今天踢足球的球服，因为他喜欢的明星都这么穿），然后把衬衫穿在外边，又穿了一件海蓝色的帽衫，配上校服，儿子在我眼中真的是很帅气的。

"儿子，就剩下一个字能形容你了。"

"嘚瑟。"

"你明显看我不识数，那不是两个字吗？"早上去上学，我在儿子后边下的楼。儿子回头调皮地看了我一眼。

"帅！这回是真的。"

"妈，你是不是得换眼镜了？这也叫帅？"

"这不叫帅，那还有什么是帅呢？你就是妈妈眼中最帅的那个。"

我们两个都会心地笑了。

青春就应该是亮丽多彩的，现在想想，其实有时候要求学生不打扮挺过分的。现在的孩子的生活里真的太缺少色彩了，玩不着，学不好，再不让他们打扮，他们的生活还有盼头吗？想一想，这样的生活也太可怕了。尽管儿子在疯狂地踢球，尽管儿子的生活不缺少色彩，但我忽然觉得，喜欢打扮也应该算是一种生活品质吧？

儿子的偶像包袱越来越重了，他在意一举一动，一言一行，那是代表他的形象的，他在意影响他形象的所有因素。不过我倒是觉得这是好事，这样在生活中，他就不会做出一些过分的事情。

儿子的鞋子每天都要换，什么颜色的，什么时候穿等，以及每天的衣服都是他自己去搭配的。有些时候想一想，一个臭小子，这样是不是有点太嘚瑟？太臭美？但爱美之心，人皆有之。这也应该成为他生活的一部分，只要不是太出格，不影响他的正常生活就行。

一切有度就好，无论是家长对孩子的要求，还是孩子做的事情，做父母的只要告诉孩子这句话就好。生活本来就应该是多彩的，青春就应该是这样美好的！祝福儿子！

热帖分享（十三）

生活总得有些出口，单一纯粹的学习生活一定会让孩子做出我们不喜欢的选择。

15. 艰难的选择

2015年4月16日。

人生处处都面临着选择。月考后，我们面临的就是儿子是否脱产的问题，这个问题困扰我们家太久了。儿子总说自己似乎有一种选择疑难症，其实现在想来，不单是他，每个人都有。我们在一起商量了好多次这件事情，但当我们分析利弊的时候，我们的天平没有倾向于任何一边，大家都怕选择错了。每个人都如此，因为人生没有重新来过的机会。

儿子又去问了石老师的看法，可石老师还是说要尊重父母和孩子的意见。谁都没有办法知道结果会是什么？毕竟不确定的因素太多了，真的是太难做权衡了。

可在儿子的生活中，其实有些时候他还算是有正事的。昨天的体育课上，儿子带着球鞋、球衣，准备大战一场了。可学校要求班级要布置文化场地，班级里没人也没时间，只能占用体育课的时间。当玩与班级的事情发生冲突的时候，儿子还是选择了为班级服务，为班级贴墙纸。他本来以为20分钟可以贴完的事，结果贴了30分钟，"然后我跑出去踢了10多分钟的球。"我一脸惊异地看着儿子："10多分钟你也去踢球？"

"对啊，踢得还挺过瘾啊！"

"你这样做是对的，可你的瘾挺大啊！"

"那是！"儿子露出了他特有的调皮的笑容。

看着儿子满脸的兴奋，想一想儿子毕竟还是个孩子，我明白了，他在有些选择中是不为难的，只是有些事太大了。作为父母的我们不是同样也面临着艰难的选择吗？

无论儿子选择什么样的路，我都会支持他，既然他能在最热爱的足球和班级之间选择了班级，我觉得儿子的自制力，儿子的责任心，儿子的那份担当也就足够用了。

加油！儿子！

16. 见证成长

2015年4月22日。

吉大附中要组织大合唱，儿子唱歌还是不错的，首先他喜欢，其次他唱歌不跑调，第三他执着于这件事。组织这次大合唱之初，班长就建议让他领唱，但我知道，儿子的班级里优秀的孩子特别多，就像那天晚上，儿子告诉我，他们班钢琴达到最高级的人有10多个，看来在一个优秀的群体中，多才多艺的人还是很多的。

我内心里有了一点小小的忧虑，儿子是很爱面子的人，我觉得大合唱的指导老师不一定能相中他，毕竟大合唱的歌曲和流行歌曲有着天壤之别，唱流行歌好的人不一定就能在那些革命歌曲中领唱。但我没有说出来。

周一晚上，接儿子回家的路上，儿子看起来很是疲惫。

"累死我了，也不知道老师是怎么想的，让我唱了得有七八遍，到底用不用我？不用就算了，这么折磨我啊，我现在是累得头也疼，嗓子也疼，一点力气都没有了。"

"没事，可能老师也需要横向比较一下吧，老师总想把自己班的活动做到最好，也许你的声音不适合大合唱领唱也说不定呢！"我适时地扔出了自己的话。我们接下来转到了别的有趣的话题。

昨天晚上，我问儿子："领唱的事怎么样啦？"

"没有我。"

我很震惊，没看到他眼中的委屈、无奈和不满，这在以前都是需要做一些工作的。我刚刚想安慰他几句，儿子就说话了："我吐槽一下我们班主任，你要是不用我，也别这样练我啊，唱了那么多遍，头疼嗓子也疼。我们老师就是乐呵地在那里听着，没反应。"

听到孩子这些话，我知道儿子长大了。这在以前对儿子来说一定是个很大的事，也算是个小打击，可事实上这次的事似乎对他没有产生什么影响，小小地抱怨了一下就结束了。

我心里忽然觉得放松了，以后再有类似的事情我也不用担心了，我看到儿子在这件事上终于长大了。其实这是我一直以来很担心的事情，毕竟人生不如意十有八九，怎么可能总顺着自己的心意呢？以前儿子不这样想，他觉得自己优秀，自己努力了，就应该得到。

我见证了儿子的成长，这才是真正走向了成熟。加油，儿子，你在妈妈心中是最优秀的！

17. 儿子的理念

2015年4月22日。

这段时间不知道什么事情让儿子从思想深处发生了一些变化。儿子的注意力转移到了身体健康上，每天晚上锻炼，还要组织自己的足球队。我不会限制他什么，我也不想限制他什么。那天晚上，我去接儿子，儿子和我聊天。

"妈妈，我得开始锻炼了，让自己健康起来，如果人没有健康什么都是白费。"我诧异地看了一眼儿子。

111

"怎么啦？发生什么事了吗？"

"那倒没有，可以我们现在的学习节奏，身体肯定强不了，所以我想锻炼，让自己的身体好起来。我还想组自己的足球队，让大家自觉定期训练，让这些肥肉都变成肌肉，至少不能像现在这样，跑也跑不动，跳也跳不动的。"

"你才多大啊，就跑不动跳不动啦？那妈妈可怎么办啊？不过，你怎么做都可以，但是要做合理的安排，有些必做的事情不能相互冲突，在任何一个阶段都应该有主次之分的。"

"我知道，我就是不想做一个书呆子，反正我也做不到。假期的时候，我们可以每天训练，总得踢得好才有意思。"

看着儿子正儿八经的样子，我没有理由说他做不好。儿子做事有一个特点，如果是他认准的事情，没有做不好的，我已充分体会到了，从小学一年级的跳绳，到学钢琴，到唱歌，没有哪一项他认定的东西是他弄不明白的。

"你尽管去做，只要你觉得有价值，有意义，妈妈就支持你，总得让你的幸福指数高一些吧？"

儿子的脸上露出了幸福的笑容。我知道，对孩子的理解可能就是对孩子最大的支持，就是孩子最大的幸福了。

但我也知道，所有的事情只要不是太出格，理论上我们都应该支持孩子，因为孩子的生活太过于单一了。不过我们应该以一种特别委婉的方式讲清楚可能出现的不良后果，提前为孩子打预防针，这样就不会出现失控的局面了。

我一直在想，如果生活没有色彩，哪里还能谈得上幸福？那种只有学习的日子不但孩子接受不了，连我也接受不了。

每天看着站在秤上量体重的儿子，我觉得其实这才是一种生活的意识，孩子们也需要一种高质量的生活，绝不能让孩子成为学习的机器！儿子现在的思想，让我觉得儿子自己上大学我也放心了，他知道怎么调整自己的生活，知道自己要什么，这就足够了。

加油！

热帖分享（十四）

父母如果可以充分理解孩子，孩子在成长的路上就会少走不少弯路。

18. 写给16岁儿子的贺卡

2015年5月6日。

亲爱的儿子，你好！

祝贺你16岁了！

儿子，妈妈爱你，妈妈是你今生永远的依靠！

16岁，是你人生中最好的年龄，最美好的时光！你奋斗了16年，妈妈看到的是你人生的努力和认真，你的善良，你的阳光！妈妈一直为有这样一个儿子而幸福，我不是骄傲，我是真的幸福，那是一种发自内心的感动：每次和你贴贴脸，每次和你长谈，每晚上我们互道晚安，每天早上贴在耳边叫醒你，每一个细节都是妈妈人生中最感动、最幸福的瞬间。这些瞬间叠加在一起，就是妈妈幸福的人生！

你很懂事，但妈妈不希望你太累，不要太辛苦，你有自己的目标，但人生最难得的就是过得让自己幸福，妈妈希望你幸福！

你今早说，16岁，国外的孩子都可以考驾照了，他们可以开车上学了。我知道，你内心渴望长大，你自己也在长大。妈妈知道，其实你现在已经长大了，你有自己的想法，有自己的规划，妈妈就喜欢这样的你！无论你做什么，妈妈爸爸都会支持你！无论你取得怎样的成绩，妈妈爸爸都会祝贺你！你的人生你自己做主！妈妈爸爸爱你！

祝妈妈最爱的大宝贝生日快乐！加油！

永远爱你的妈妈
2015年5月6日

19. 孩子大了

2015年5月7日。

这个"五一"我真的是很纠结。儿子玩得比较High，说白了，他过得还是很自在的。这是我对孩子教育的初衷，是我认可的，可我的心里还是有着太多家长的功利心。人家的孩子都在学习，儿子不学习能行吗？这是我一直担心的，一直很惶恐的问题。我简直就是分裂的人格。这两个想法在我的内心里一直在作战，每天每时每刻。

4月30日，儿子早上早起，6:15就到了他们大合唱的地点。11:00结束后，儿子就自己出去踢球了。关于这件事情，我现在已经释怀了。以前我就不理解，家长怎么能让孩子去外面可着性子玩呢？可现在我觉得，这是正确的！毕竟孩子长大了，他应该支配自己的时间和空间了。现在我很支持孩子自己出去玩这件事，特别是男孩子，总得做点运动，否则太缺少男人的气质。

17:00，儿子带着一身臭汗回家了。肩上甩背着自己的书包，很帅的样子。

113

我忽然发现，一个老师首先真的应该是一个好妈妈。以前总觉得学生做这样的姿势，不太像好孩子，可发生在自己家的孩子身上怎么就那么的耐看？如果知道是这种感觉，看学生也应该是觉得帅帅的。我知道，以前自己还是有些东西没有想明白，其实每个孩子都想让自己洒脱、帅气，每个人都如此。

"妈妈，我想玩游戏。"

"洗个澡再玩。"

"好的。"我看书，儿子玩电脑，当然也是在踢足球。

"妈妈，快看，我被评为足球先生了。"看到儿子高兴的样子，仿佛是真的一样。

"真有那么高兴？"

"当然，这都是我努力的结果。"尽管我不是很懂，我还是认真地去看了看。儿子满脸写着的都是兴奋。

这三天儿子白天都有课，一切事情就得晚上做了。5月1日，接儿子回家的路上，我问他："今晚怎么安排的啊？"

"青天哥和莉莉姐在，我想和他们聊一会儿，写点作业，看会儿电视。"

"也好，你哥和你姐明天就都回朝阳了。"（我家一直很招人，这是宏伟大姐和二姐家的孩子，很喜欢待在我家。）可到了晚上，我发现他们三个是很高兴，最主要的是一点写作业的想法都没有，因为电视上直播一场足球比赛，这不是在儿子预料范围之内的。

20：00，"你准备什么时间去写作业？"

"过一会儿。"这在儿子身上是少见的，他从来都是有具体时间安排的。

20：20，"你准备去写作业吗？"中间宏伟也问了一次。儿子有些不高兴。

"看一会儿球，你们两个还总问。"听着这句话，我不高兴了："做事总得有轻有重啊，你作业还没做呢？你也没说打算今晚看球啊。"儿子看见我的样子，也严肃了一些。

"我马上去写作业。"

看着儿子对球的迷恋，我觉得必须要和他谈一次了。

结果他说："妈妈，我心里有自己的打算，可能我不像以前那样愿意说了，我可以尽量去改，多说一些，但你们也应该对我有充分的信任，我一直都是有计划的孩子，这个你应该比较了解的。妈妈，其实我骨子里是很像你的，不管是做事还是说话，所以我们俩很有可能会发生冲突，你让着我点，我也让着你点，这样我们两个就没问题了。"

听着儿子的想法，儿子的见解，我知道，儿子长大了！我一直想做一个理性的教育工作者，尽管用的都是合理的方式，但我觉得自己还是存在问题：关心则乱。

有时候，对自己的孩子很难保持清醒的思考。

　　这个"五一"，儿子过得还是很开心的。我想明白了，儿子才高一，如果让儿子完全都不去玩，也许太过于残忍了。我们应该让孩子有自己的时间和空间，应该让孩子有点自己喜欢做的事，总比一无是处，没有任何喜好强。

　　我会让孩子有更多自己的空间，发展自我，我努力让自己和孩子没有冲撞，让孩子拥有快乐的高中三年！

　　加油！儿子！孩子真的长大了！

20. 细节教育更见成效

　　2015年5月7日。

　　儿子上学这么多年从来没有迟到过。我以前一直不理解一些做父母的，为什么会允许孩子上学迟到呢？儿子上学到目前为止真的没有迟到过。可昨天（4月22日）去接儿子，一上车，儿子就告诉我，中午踢足球回来晚了，被老师批评一顿。

　　我听后，说实话，内心直接的感受是想批评他几句。可我忍住了。看看儿子还会和我说什么。"本来想按时回去，结果忘记了看点，晚了20分钟。"

　　"老师应该很生气吧，这种事情她应该不希望发生在你们身上，是不是？"

　　"她是有些生气，不过她问了我几句，主要批评另外那个人了。妈妈你说这是为什么呢？"

　　"儿子，你想过这是为什么吗？老师还是喜欢智商和情商都很高的人。你就是这样的孩子，你平时懂事，也很努力，老师对你做事还是放心的，偶尔的小放纵，老师可以原谅你，可如果你平时总这样，老师是不是就会狠狠地批评你啦？你平时一定是很懂事，而且你自己品品，你是不是从来不迟到，所以老师觉得你这是个偶然，在理解的同时就原谅了你。可你不能放纵自己，任何事情，有第一次，绝不能出现第二次。妈妈总在说，人可以摔倒，但不能在同一个地方摔倒两次，那情商得多低啊，这可能就是老师在心里对你的预期，她觉得你不可能第二次再犯同样的错误，所以老师就原谅你了。"

　　"那以后我可得早点回来了，迟到是不太好啊。"看着儿子似乎懂了又不太好意思的样子，我知道这种事情以后在他身上不会再发生了。儿子是个很要脸面的人。

　　昨天是儿子的生日，20:30儿子才能到家，我想来想去，还是要给儿子送一些礼物的，除了生日的祝福。

　　在QQ空间里，我为儿子送了一张贺卡。晚上我给儿子买了一个很小的蛋糕。本来儿子一直以来晚上是不吃东西的，可看到儿子的那个高兴劲儿，我真的很开

115

心，孩子毕竟是孩子。

"妈妈，你说我全吃了是不是有点过分？"

"你想吃就吃吧，偶尔一次应该没事吧？"儿子又吃了几口，最后还是放下了。他是个很有节制的孩子。

"妈妈还给你买了件衬衫，试试好看不？"儿子特别地开心。本来我已经答应他，在他16岁的生日，我要送给他一双特别好的足球鞋，因为他喜欢，而衬衫也是他喜欢的，所以这个是意外的惊喜。

试过衣服，儿子就跟在我身后和我唠嗑。人们都说，孩子上高中之后，不喜欢和父母说话了，我的儿子却一直愿意与我分享，这也是我做母亲的一种享受，一种幸福吧？儿子总愿意在我的话语中，找到他需要的东西。我觉得儿子是个有大智慧的人，他总会和我聊一些他觉得有用的东西，我也会站在孩子的角度，站在成人的角度，用他们的语言去和他讲这些内容，我想这也是孩子特别愿意和我聊天的原因吧。

"妈妈，其实我们老师对我特别信任，她今天让我去给她充饭卡，尽管是件小事，但她觉得我是班级里比较靠谱的学生。"我听出了儿子的在意。其实老师一个很不经意的举动，就会给孩子带来这么大的影响。

"说明老师很喜欢你，也肯定觉得你很稳重，而且你确实是挺靠谱的。""我们老师其实是很重视我的。本来'峰会'的事，我们班有两个同学报名的。她在全班问还有报的人吗？大家都没吱声，可她特意在班级问了我一句：'晨宇你不报吗？'老师一定觉得我能行。""当然了，这个事条件太苛刻，你的英语是强项，又擅长演讲辩论，老师还是了解你的。说明老师很认可你，很重视你。"儿子脸上写满了自信。

老师的一个动作，一句话，都会成为孩子的动力，这就是细节的教育。其实教育是无形的，是一种无意识地对时机的把握。儿子一直生活在这样的氛围中，所以儿子从来不会惧怕任何事情，他会越来越自信，越来越优秀。我特别感激他从小到大遇到的所有老师，这些老师对他的教育没有惊天动地的举动，但他们的每一言每一行都给孩子无穷的力量。教育没有办法用语言形容，但我感激儿子一生中遇到的所有老师，他们让儿子自信、健康、阳光！

> **热帖分享（十五）**
>
> 学习是水到渠成的结果，其实教育中更核心的是如何更好地处理孩子遇到的各种问题。

21. 放纵也是一种教育

2015年5月19日。

我一直在想一个问题，很简单，但却想了很多年。当孩子的想法与自己的想法相违背的时候，是晓之以理，动之以情，还是应该做一些合理的让步，顺其自然呢？显然，最后，我妥协了，选择了后者。

当选择了后者时，我和孩子之间的关系就变得融洽了许多，因为矛盾的焦点已经没有了。

上一周几乎就是考试周，周四周五期中考试，周六、周日分别有关于数学竞赛方面的重要的考试。确实，四天的考试对于任何一个人来说都是对身心的极限挑战。

按照常态的思维，只要是考试没有结束，就应该做些适当的准备。可儿子在考试前就和我讲了他的想法：周五考试完，要去踢球。能不能帮他订场地？我的内心是觉得他应该复习一下接下来的两场考试的，可我没有这样做。

"没问题，订几点的？你说行了，妈妈一定帮你想办法订上。"

"那好吧，我明天考试时联系一下踢球的人，然后我再给你打电话。"我知道一点，我不让他踢，该踢他还得踢，如果不踢，他不会开心地学习，那就不如让他开心地玩玩。后来儿子打电话说，不用订场地了，人不一定齐，天气还不好。其实我还是很开心的，不玩总能学点吧？

可周五去考试时，儿子是背着球服，带着球鞋去的。中午他打电话告诉我，下午踢球，然后回小学看老师，我只说了两句：没问题，但一定要注意安全，如果有时间，到那里可以给妈妈打个电话或发个短信。

能感觉到，儿子特别地开心，因为他独立了，他有了自己的时间和空间，但我是需要一个过程的，毕竟儿子一直在我的掌控范围之内。我不知道这种放纵会不会让孩子变得无节制，但我必须要这样做，儿子已经16岁了，对于一个男孩，我不能管得太紧。

晚上儿子开心地看了电视，洗完澡睡了，其实就算早点回来他也不会去复习的，可能以前古人的老话有点问题："临阵磨枪，不快也光。"但从没见儿子"磨过枪"啊，甚至每次考试前的一周都是儿子最放松的一周。既然没办法让他高效学习，就不如让他开心地去玩。这是我现在通常的一种心态，不对他做任何的约束。

本来我们是打算去看电影的，但儿子撒娇地和我商量："妈妈，我过分点行不？"

"你说吧。"

117

"我想周六晚上看《快乐大本营》，玩游戏，周日晚上我们再去看电影，怎么样？"

"好啊！我没有异议。"一方面觉得孩子确实很累，另一方面是觉得如果孩子的想法连他自己都觉得过分了，以后用这个告诫他也未尝不可，没必要让孩子不开心。

周日看了电影之后，他们调休，周一休息，"明天要不你和妈妈去学校踢会球，再写会作业怎么样？"

"可明天凌晨有球赛，很重要的一场球。"

"你就是想起早看呗？"宏伟可能是怕我不允许，急忙说："那你就拿一个电脑去你屋里，然后你自己定闹钟吧。"

我接了一句，"然后，明天你就睡到自然醒，也算是休息了。"

"太好了，那就这么定了。"看到儿子开心的表情，我知道这个选择是对的。

四天的时间对于一个高中生的学习来说可能很关键，但我觉得还是不能无视孩子的选择，孩子应该有权利拥有自己的幸福。

昨天回到家一问，儿子睡到了11：00。用儿子的话来说：从来没有睡得如此踏实。想一想，孩子也真的是很难，我为自己做了一个明智的选择感到开心。晚上儿子整理了卷子，整理了自己的屋子，早早就去洗澡准备睡觉。看出了他的好心情，我们一直在开着玩笑，大家都很开心。

让孩子学会适当的放纵也应该是一种教育，我现在倒觉得经过这样的休息，才能有更好的前进动力。放纵应该是教育的更高境界吧！

22. 儿子的小心思

2015年5月19日。

今天早上，我和宏伟两人一顿互黑。宏伟把衣服落到了车里，让公公去取，我就埋汰他，宏伟就提起我前两天把药落在了车里的事情。我本来想找一个帮手，可儿子现在的语言却是这样的："你们两个我可真是整不了。"仿佛我们是两个根本没有办法管理的孩子，他满脸的无奈，似乎管我俩也没用。仿佛他是大人，我们是孩子。

"妈妈，我可得和你说，这次家长会，生物老师没准得找你谈话了。你得有点思想准备。"

"啊？！妈妈都沦落到这个地步了，你让我情何以堪啊！"我故作痛苦状。

"你痛苦也没用。你听我们焦老师读成绩的时候：'王晨宇132，149，137，93，90……7…78，晨宇，你这生物是怎么学的？'我无言以对了。我都没敢说，自己都没背，就上课听了点，你说生物老师能不找你吗？"

"那我可怎么办？我岂不是要替你挨骂？那我不干。"

儿子乐不可支。"谁让你是我妈呢？不干也得干。"

"你也太无赖了啊？以后你再这样我可不去了。"

"好，好，我下次背不就行了。我要生物背到99分，我还能过700分了呢？我在全校都能考第一了。"

"你烦人，让你玩，把我玩进去了吧？"

"没事，没下次了还不行嘛。"这些对话，我们一直都是以开着玩笑，耍着赖的形式说的，我们双方都很舒服，所有的事情也都解决了。其实我真的很喜欢这种相处方式。

关于学校的事情儿子对我是没有任何隐瞒的。我总觉得其实解决问题的方式有很多种，在什么场合都应该有教育的存在。在孩子长大的过程中，一定要让他们有点自己的小心思。让他慢慢地形成一种属于自己的生活模式。

23. 第一次点餐

2015年5月19日。

家长可以给孩子积极的暗示，但消极的暗示一定不能有。不知道从什么时候，我觉得应该是我说过，儿子就是选择疑难症。结果，每每遇到事的时候，他就说自己有选择疑难症。

周日陪儿子考试，中午在外面吃饭的时候，我们两个谁也不点餐，让他自己点。儿子点得很慢，他似乎在思考很多问题，流露出了为难的情绪。但我没出声，宏伟也在忙着买电影票。

"这是我第一次点餐，这也太难了点吧？我怎么点呢？"

"你点什么，妈妈爸爸就吃什么，我们不挑食，你点的都是我们爱吃的，想怎么点就怎么点。"

"那好吧，太难了。我点个溜肉段，再点个小锅豆腐，你说好吃吗？"

"好吃啊，还有营养。"

"可再点一个什么呢？"

"可以搭配一下，要不就点个青菜吧？"看到儿子实在太为难了，我还是忍不住说了句。

"可吃什么青菜呢？"

"这个可得你自己点，你爱挑食。"最后他点了一个干煸四季豆。

"终于点完了。"看到儿子如释重负，我知道，儿子完成了一次思想的蜕变。

"以后如果你自己当了领导，点菜可以点高档一点的。"

"我们同学在一起，一般都会有一个纯肉的，锅包肉，溜肉段什么的，然后，再点个土豆丝什么的。不过他家没有土豆丝。我们都会吃得很好的。"看来真得让孩子在外面多接触一些，否则没有任何的实际操作，就别提其他了。

"那是，但大人在一起，可能吃的口味就不是这样了。不过你今天点的真不错。妈妈喜欢。"儿子很开心，吃饭的时候，吃得更是开心。

人总得经历各种事情，看来以后要让儿子从方方面面接触一下这个广大的世界了。否则我真的觉得现在的孩子不太会生存。

加油！儿子！

热帖分享（十六）

生活中的经历才是人生中最美好的回忆。

24. 认真与坚持

2015年5月28日。

儿子做事，用老百姓的话来说，就是"靠谱"。学习对于他来说，是一种常态，每天都在继续着，自己做着自己应该做的或者想做的事情。这段时间儿子有两件事做得还是让我很有感触的。第一，准备了一次演讲；第二，坚持锻炼。

对于高中生来说，我总觉得学习之余是不可能有时间做别的事的。可儿子让我突然发现，高中的生活还可以这样过。

学校有辩论会，他就会在家认认真真准备辩论稿，现在学校有演讲，他准备得更是认真。"妈妈，你说稿件其实可以直接上网查，甚至可以用别人的，但如果是自己发自内心的演讲，是不是应该自己写呢？"

"那当然了，可以适当借鉴别人优美的语言。"

"那倒也是啊。"

儿子的稿件定稿了，是自己写的，他总觉得别人写的不够有激情。他写了"90后"的心声。儿子是个有正义感的孩子，是接受传统教育的孩子，他骨子里有责任、有热血、有正义、有着中国人骨子里应该有的内涵。他也看不惯很多同龄人，但他可以和他们交融，他可以让很多人感动，他可以以自身去引领这些孩子，但他觉得"90后"的成长跟别的年龄段一样，只是时间的问题，其他没有什么特殊的。

儿子的观点让我看到了这一代人的思想，他们还是有自己的底蕴，他们还是有中国人骨子里的优秀。

儿子在反复地练习，反复地读，一次次让我帮他校正，无论是情感、语调还是稿件，他对我这个妈妈是尊敬加上崇拜，在他的眼中，他妈妈就是最好的语文老师，我能感受到他内心深深的认可，所以他很多时候与我交流不会出现什么不开心，也不会交流得不顺畅，更多的时候，我们之间是可以达成共识的。可能我还年轻，可能儿子也算成熟吧？

准备演讲让我看到了儿子的认真。锻炼身体让我看到了儿子的执着。其实我每天都会看到儿子很疲惫，学校学习的压力还是很大的，感觉他每天都很累。从心里说，我心疼儿子，不想让他再锻炼了。可是儿子的执着，让我不能不佩服。后来我也想明白了，锻炼了才像个男孩子，锻炼才有机会将一天的不快都发泄出去，锻炼是学习最好的调整。儿子每天都会锻炼到大汗淋漓，然后努力学习。儿子经常劝我，让我和他一起运动，我准备和儿子再坚持一次。这也应该是对执着的一种支持吧？

加油，儿子！

25. 儿子在意的

2015年5月28日。

上周五开完家长会，和儿子到家的时候已是21：00了。换完衣服，儿子就来我屋里，躺在了床上。

"妈妈，是不是得开个会啊？"

"怎么这么主动啊？"

"我想知道老师们都怎么说的？你不是跟每个老师都聊了吗？"

"你很在意这些？"

"那当然啦！"儿子一脸的坏笑。"

"你们班老师对你都很肯定，生物李老师，他觉得你特别优秀，特别聪明，你应该是高手，但用在竞赛上的时间是不是多了些？而生物的功夫下得少了些？"

"这个倒是，我一直觉得对不住生物老师。"

"其实也不用这么想，但生物老师说，这段时间有些东西落得不实，高三会吃亏的，你自己考虑一下他的话。"

"我会考虑的。"

"班主任对你的印象也不错，她对你的期望值应该比现在要高得多。"

"那是，我在班级是情商很高的孩子，老师会喜欢这样的孩子的，也应该希望这样的孩子出成绩，你说是吧？"

121

"那倒也是,不过,还是多为班级想想,多为班级做点事,这是正事。"想想儿子,为了班级的活动,都能放弃心爱的踢球时间,也算可以了。

"数学刘老师同样特别喜欢你的,她特别感动于你在节日时送给她的祝福,她和我说,她把你的祝福一直贴在了自己的抽屉里,儿子你想一想,一个老师的内心是多么容易被感动,多么容易满足。其实人生中不一定都是一些轰轰烈烈的大事,一些小事,足以成就一个人。"

"妈妈,这点我知道,我不会忘记任何一个老师和朋友,做人要有良心,要对别人好,你一直是这样告诉我的。"

"是呀,其实一句祝福的话,可能让人记住你一辈子。每个人都希望让别人记住自己,这就是为什么妈妈希望你记住各种节日,记住亲人朋友的生日,在乎的不是礼物,在乎的是惦记别人的情谊,你说是不是啊?"

"我懂的,妈妈。"

"化学老师太有意思了,他觉得你很牛,他形容每一个孩子好像都是这样的,你很强,但化学尚需努力,不够强势,如果可以的话,应该会更好。"

"化学老师说话有意思吧?他总那样,但我们大家还是有点怕他,他有点太认真了。"

"其实有时候认真没什么不对,只不过对于有些学生来说,可能坚持做好一件事情有点难度,所以他们不希望遇到认真的老师。其实这是学生的一种福分,也许你们现在不懂,但将来一定会懂的。"

"可能吧。"

"你这段时间的表现真的让妈妈很开心,每位老师都觉得你很优秀,妈妈觉得你挺辛苦的,所以咱们这个周末可以放纵一下,你看怎么样?"

"没问题,不过我得先把需要弄的弄完。"

其实我知道,即便是我们的放纵,他也不会毫无节制,所以真的不如我提出来,让儿子开心一把,何乐而不为呢?

儿子很在意老师的看法,我把重点突出了,把老师的肯定放在了前边,在后边尽管轻描淡写地讲出了一些问题,儿子还是重视了,没有不高兴,没有反感,这就可以了。

每次开完家长会后我家都会有收获,利用好每一次这样的机会,孩子才可能沿着正确的轨道健康阳光地成长!

热帖分享(十七)

每次家长会对家长都是一次考验,也是一个很容易错过的最好的教育机会。

26. 叩问幸福

2015年6月10日。

以前我很在意孩子的感觉，我一直在研究和反思自己的教育但我从来没做过一个深度的思考：儿子的幸福点在哪里呢？可真正提到其关键点时，我忽然觉得自己并不明白，也并没有做到。我给孩子的只能说是我以为的幸福，"五十步笑百步而已"。以前我一直以为很多人不懂教育，所以孩子不够幸福，可现在看来这是一个多么大的讽刺！

17：00，我给儿子打电话。"儿子，到哪儿了？"听到的是儿子比较兴奋的声音。

"妈妈，我到解放大路了，我准备打车，我们踢完球后，在蓝天白云底下，还有大操场，畅谈了人生和理想，聊了十块钱的。"

"那好啊，打车注意点安全就行了，等你回来吃饭啊！"

这是在6月8日这天我们领着儿子办完身份证，吃过饭，12：00就将他送到了大操场之后我们的对话。我喜欢男孩子的野性与放纵，我喜欢男孩子有些汗臭味，那才是男人。晚上到家的儿子，脸上破了，腿也破了。"那地，全都是砂粒儿，特滑，根本就蹬不住。"

"行啊，还好，没毁容呢？"

"毁容等于整容。"宏伟如是说，于是全家爆笑中。这种气氛真的很好，家里总是这样。

"妈妈，我们同学在一起聊天，大家都觉得自己不够幸福，不够开心。"

"为什么呢？"

"感觉太压抑了。"

"在家呢？有没有妈妈能努力做到的？"

"在家里还好，感觉很舒服，但一到学校就觉得特别压抑。"

"没关系，回家来发泄，来放松，妈妈爸爸有什么问题，你就尽管说。其实，你比别人应该能好些，至少在家里的时间是绝对的自由和幸福，妈妈对你的要求没有特别多，你健康、快乐、幸福，妈妈就开心了。至于学习，那是你自己的事情，你觉得应该到什么位置，应该怎么学，你就怎么学。妈妈帮不上忙，不拖后腿就不错了。"

"我觉得在家里真的很幸福，偶尔爷爷奶奶说几句，都是没什么大碍的。"

"他们岁数大了，没办法改变，但你可以选择性地听，选择性地接受，觉得没有任何意义的，就当没听见，只是让他们改，那是不可能的。"

"怎么能提升你们在学校的幸福指数呢？"

"说不好，可能这也是一种理念的问题吧，也可能是没办法改变的。"

"那你就得自己调整了，用家里的幸福去冲击那种不舒服，你就会比别人开心很多。"

儿子大了，当一个人有思想的时候，他是不愿意受到束缚的，可他还在学生时代，不可能没有束缚，只能用家里作为调剂。以前，他想半夜看球，这都是不可能的事。但现在，他自己决定，只要他想，没有原则上的问题，他就可以去做。不能太过于约束他，如果在学校被约束得很厉害，在家里再去约束他，孩子就没有地方让自己放松了。

我一直在想，孩子的幸福到底在哪里？也许就在不经意的放纵中，也许就在自己的一份追求中。他们有自己的梦想，也许我能让他更幸福的做法就是把一切还给他自己吧，在需要我的时候，我尽全力去帮助他，这应该就是全部了！

27. 困惑

2015年6月25日。

6月21日晚，我们全家谈心到2:00。那是两种观念的对接，是两种思想的碰撞。但没有火花，更多的是一份相互的融合。

话题是从宏伟开始的："你这段时间抓得不够紧啊？整个周末都很松散。马上高二了，是不是应该有点变化啦？我们班经常考第一的同学，上次没考第一，之后就拼命努力，结果把第一夺回来了。她认为第一就是她的。"

儿子开始了一段长长的话题。

"我也知道第一好，可我和你们就不一样，我没有那种想法，别人第一不也挺好的吗？为什么一定要把人家打下来？"

"总得有一种竞争意识吧，否则我们哪里能有原动力呢？努力总得有个方向吧？"

"有个方向是没错，但你可以努力你自己的，没必要一定要把自己的成功建立在打倒别人的基础之上吧？"

"那倒也是，但总得有个方向吧？"

"那是，我不想让谁不好，让谁比我差，但我有自己的目标，为自己的目标而努力，而不是一定要把谁怎么样。"

"可结果是一样的啊！"

"但目的不一样，心态不一样。"

"其实这段时间太累了。班主任认为我走高考这条路合适，竞赛老师又觉得我应该搞竞赛，这样两头牵扯是特别累的，人的精力总是有限，我都不知道怎么办了！"

"是啊，其实这也是我们两个一直困惑的问题，特别担心两边无法兼顾，两边都无法做到最好。"

"那就得选择，可现在怎么办呢？"

"其实，最开始的时候，我们也只是因为老师好，舍不得老师的课，特别是你的效率在课堂听课上，自然不能放弃我们的优势。但现在课程都差不多了，我们也可以考虑把更多精力用到竞赛上了。"

"是啊，就是老师讲课好，我才舍不得。"

"你可以和老师交流一下，不写常规作业，这样时间可以更多些。"

"是啊，两个同时弄，我特别的累，而且还总担心分心学不好，我得努力让自己在竞赛方面有点成绩，总不能学一回竞赛还什么都不是吧？"

"那倒是，一切都由你自己决定，无论你做什么决定，我们都会支持你的。"

"其实有时候是很闹心的，所以我就会去踢球，发泄一下，我很难像其他同学那样坐在那里一动不动，就学习。"

"你不是那样的孩子，你像现在这样就挺好的，妈妈喜欢每天臭臭的儿子，一点都不运动的书呆子，妈妈宁可不要。"

我们会交流一些内心想不明白的事情。

"睡觉吧，都1:00了。"

"妈妈，我还想聊聊，有时候我学习还是溜号，那可怎么办？"

"分析一下什么原因，自己从内心关注一下，主动去调解，有意识地控制，应该就能缓解不少。"

"我也想过，我也做过，可效果不太明显。"

"你可以尝试着，在一定时间段出去做点什么，这样反而把分散注意力的时间缩短了。"

我们一直谈到了2:00，不睡觉明天真的无法正常生活了。儿子洗洗睡了，可我心疼儿子，一直处于半睡半醒之间。

儿子太辛苦了，他们这样的班级压力太大了。看来得随时让儿子发泄出来，那样应该就没什么大问题了。

加油，大儿子！

28. 放手是一份坦然

2015年7月5日。

这两天正处于关键期，儿子的竞赛课程和常规课冲突得十分严重。每个老师关注的点都不同，要求的内容也不同。我知道，儿子还一直说自己有选择疑难症，所以，对于他而言，这段时间应该是最艰难、最痛苦的。因为他爱面子，他不想让任何一个老师伤心，可他不是神，他做不到的，于是他就遇到了人生当中从来没有过的一些经历，不能叫挫折，但至少也是一种锻炼。

"妈妈，我人品不好！"

"这是从何说起啊？"

"大家都没背英语课文，可老师就把我叫起来了，没办法，我是真没时间背啊，结果被罚抄写了10遍。"

"这也不错，当调整自己的生活了，写了10遍就应该记住了。"

"是啊，这不就是人品不好吗？没被叫起来的，就没写。"

"可他们也没会啊。"

"是啊，这也是没办法的事啊！"

"妈妈，今晚我准备刷竞赛题了。你不用等我，我准备后半夜再睡。"

"怎么这么大的决心？遇到什么大事了？"

"今天化学课挂黑板上了。老师说这个化学方程式很难，不复习，不反复背是背不下来的，可昨晚我没复习，就被挂了。我要拼搏一下，把竞赛弄出点成绩来。"

"也好，反正现在常规课我们也是要放一放的。"

"那也是。"

"妈妈，从周一开始，我要彻底放下竞赛一段时间，用一周时间复习常规课，要期末了，总不能考得一塌糊涂。"

"那倒是，人的精力还是有限的。也别让自己太累了。一周时间还够吗？"

我知道，儿子已经很长时间就只是听听课，课后根本就没时间做题，作业都不做。我和宏伟经常告诉儿子：为了不和老师发生不愉快的事情，有些时候，把应该交的作业抄一下交上去，也是一种解决自己内心不舒服的办法。

孩子有孩子的难处，我们不能不体谅孩子。有些事，我们明明知道风险很大，但我们还是要做的。孩子太累了，他心里要照顾的太多。那我们就应该让孩子释放。也许收起来有点难，但我觉得儿子是有分寸的，他长大了。

"一周时间足够了。期末考完试，我就全力准备竞赛了。
　　"这弄的，都有点像人格分裂了。"
　　我们两个开心地笑了。周末，我们一样看了《快乐大本营》，一样玩着自己喜欢的足球游戏，一样大侃着各种时尚而又有意思的段子和新闻。我不想限制儿子，我想让他舒服。我总觉得他做事还是有自己想法的。调整自己的心态，学会让孩子掌控自己的生活，这才是家长应该做的。
　　晚上在饭桌上，我和宏伟调侃着，儿子居然说"我可整不了你们两个，别殃及池鱼就行"，结果儿子"躺着也中枪"了。"真拿你们两个没办法。"儿子做出一副很无奈的样子，但他是特别喜欢我们这样的。他知道，这是一份融洽，是一份浓浓的爱。
　　有些时候，放手是一份坦然。孩子长大了！

29. 心灵成长

　　2015年7月29日。
　　10天，对于我而言，实在是太过于漫长了。因为距离太远。儿行千里……7月19日，儿子乘坐飞机去上海，数竞集训。第一次独自出行这么远，我的担心是可想而知的。
　　总共要20天，准备了10件T恤，20双袜子，之所以准备太多的东西，就怕孩子在外面没办法面对可能出现的一些问题。甚至想把自己带在孩子的口袋里，但总得有一天，让孩子离开自己独立生存吧？
　　开始的两天，我什么也做不下去，甚至有些浑浑噩噩。我总感觉心里没有着落，每天都在等待着儿子的电话，吃得好吗？住得好吗？学得好吗？有太多可以关心的内容。电话接完，心才放下。但外出的孩子怎么可能那么听话？他和同学利用中午休息的3个小时时间，打车去了外滩。听了之后，我告诉他，一定要注意安全，既然都去了，还能说什么？可儿子却说，自己都这么大了，不会出问题的。
　　是啊，我内心的惦记和担心似乎少了些，平静了许多。心灵的成长应该是相互的。儿子在长大，我的心灵也在经历成长，给我增加了太多的抗挫折能力。我可以安静地做点事了。于是，我就把自己的书稿定了下来，又和朋友谈了几件事。生活似乎可以正常了。但每晚的电话是必打的。
　　慢慢地，我开始觉得不能再这样乱下去了。我意识到，应该有点自己的生活了。结婚18年，我们几乎没有过二人世界，因为心里有着太多的牵挂：儿子、老人。
　　于是我们开始了净月环潭之旅，原来每个人都有自己喜欢的生活方式。开始的两天，真的是一种折磨，脚掌磨出了好多泡，但我今天忽然觉得，其实生活就是这样的。生活中有太多的困难，只要努力克服，就没有困难可言了。环潭的路上，有几处大的陡坡，其实刚开始，我觉得真的是很不容易，可今天忽然觉得平静面对就行，没什么大不了的。

想想路上可爱的松鼠，树上开心的喜鹊，活泼的不知名的红色小鸟，根本就不怕人的蜻蜓与蝴蝶，水里的各种鱼，地上的各色花，你会发现，有些时候，真的是我们忽略了眼前的风景。

"我的眼里只有你"，我现在发现，我的生活太单一了，一直把全部重心都放在家人身上，太过于专注，却忽略了风景：和煦的风，润泽的空气，蔚蓝的天空，平静的潭水，大自然生命生长的声音！这些似乎一直都没入我的法眼，但现在我懂了，用一部分的精力可以欣赏到更多的风景。心灵的成长也是相互的。儿子长大了。我的心灵也在变得成熟。

7月28日，儿子结束了上海之旅，飞抵了长沙。孩子总需要锻炼，孩子总得经历，孩子总要成长！这10天，我觉得自己也成长了很多，似乎放下了很多！

> **热帖分享（十八）**
> 心态的调整往往胜过对学习的关注，家长的心态对孩子的影响不可忽视。

30. 那一通电话

2015年8月2日。

每晚我都会静静等待，等待如约而至的那一通电话。

今天已是儿子到长沙的第5天，每天的电话都有着太多的倾诉：每天吃麦当劳，蹭无线网；每天与小强（蟑螂）斗争，只为晚上它们别上自己的床；每天听着不同方言讲的课，只为开阔一下视野……日子并不好过。

"妈妈我们去外面住吧？"

"从我个人角度，我不认为你出去住是个好主意，毕竟人生地不熟的。"

"可床太硬睡不着。"后来，他习惯了。儿子讲了参观岳麓书院的感受，内心触动很大。主席待过的地方，意义和价值远非想象！儿子的形象似乎在这一瞬间高大了许多！有些东西经历了，就将成为他一生的财富！

每晚拿起电话都不舍得放下，说的就是儿子。看来我需要表白一下：儿子真不让我放电话啊！儿行千里……

31. 溺爱害人，可我还在继续

2015年8月8日。

儿子回来了。大大的拥抱，调皮的笑容，让我一下子就将20多天没有放下的心放下了！

"自己把衣服洗了。"宏伟如是说。"啊？那么多！"儿子震惊地看着我。我给儿子使了个眼色，他知道我会给他洗。

"你不是说住的地方洗衣服不方便吗？回家后什么都方便。"宏伟接着说。"算了，儿子太累了，我洗吧！"我说，"反正我是不洗。"宏伟如是说。

其实，我也很矛盾。儿子要出远门时，我就想让他学会照顾自己，因为我不可能跟着去。可回来了，就觉得我能照顾他，就不用他自己做了。我知道，这确实叫溺爱，也确实在害孩子，可我却忍不住。看着自己刚刚洗完的10件T恤，10多件背心短裤，自己都累得不行了，儿子是不可能洗好的，但毕竟儿子只剩22个月就要高考了，总得让孩子独立生存。

我知道，我要冷静下来，做点该做的，也许自己真的应该少做，孩子才能成长！

32. 没有不正常的孩子

2015年8月10日。

只有不正常的父母！这是今天儿子由衷发出的一句感慨。可见家庭教育对孩子所起的决定作用。

儿子有个同学，大家都觉得他有点偏激。我自以为和他妈妈还算熟。

"你家谁管孩子？"

"我管，他爸就是惯孩子，怎么都行。"

"那可不行，学习上我一点都不放松。这不，他头疼要回家，那能行吗？那也太没规矩了。"

"可我家的规矩是我儿子定的，他头疼，让我接他回家，我就来了。"

"那不行！"

"其实你和我，咱们两个有很大区别，你说是吧？"

"你从孩子的角度想，可我从为他好的角度想也没错啊！"

"不是，我说的是你的强势，让孩子会不舒服。"

"我可不强势，如果强势他能和我说话吗？"

"他和你们说了什么？比如这次去长沙，去韶山参观毛主席故居。"

"他给我俩买两串珠子，可我告诉他，这些东西我们都有。"

"可这是心意啊！没啦？"

"没啦！"我都要疯了。

我发现我和他妈妈完全是两条平行线，根本没有交集。特别是他儿子说自己是垃圾，他妈妈不认为孩子自卑，她说孩子是谦虚，只是用错词了！我无法理解！说实话，儿子感触最深的就是故居，毛泽东的高大伟岸扎根于儿子心中，伟人博大的胸怀，拼搏的人生，会影响儿子一生！

父母一定要身体力行，要让孩子有一个好的未来，我们的作用无法估量！

33. 触及心灵

2015年8月11日。

昨天我去接儿子，上车后儿子的情绪看起来并不好。

"妈妈，刘老师的父亲突然去世了，你一定要给她发个短信。你说她会不会垮掉啊？"

"不会的，怎么这么突然？"

"本来这个暑假她父亲来长春了，可她却带着我们去外地了。于是她只陪了几天父亲，然后她就又离开了。她父亲回老家的时候，她都没有送，你说是不是很遗憾啊？她得多长时间才能缓过这个劲儿啊？"

"妈妈一定会给老师发短信的，妈妈知道你很心疼老师，但你想一想，老师一定会坚强的。我们知道'树欲静而风不止，子欲养而亲不待也'，现在，你是不是真正体会到这句话的含义了？其实人生很短，我们总觉得还来得及，但人生并没有给我们等待的时间。"

"是啊，这个事我真的没太想过，想着这事对刘老师的打击，我真的觉得尽孝是随时的。"

"是啊，就像我，总在姥姥和姥爷身边，可姥爷去世的时候，我还是觉得留下太多的遗憾，趁着我们做一切都来得及，我们就认真去做吧。"

"是啊，我现在也觉得是这样，尽孝是随时的。"

"特别是现在爷爷奶奶和我们在一起生活，不是吃好的，也不是住好的，他们要有个好的心情，有个幸福的晚年，这才是我们做儿女、做子孙应该做的，你说是吧？前一段时间，微信里人们总在发一句话：色悦是孝的最佳境界。讲的应该是不对老人发脾气，无论他们对与错，都不要斤斤计较，对老人态度好要比买多少东西都强。"

儿子一脸的懵懂，但我知道，这是触及心灵的一次思考。有些事情只有经历了，才会让人在心灵上有所触动。以前有些东西，我也没想那么多，和儿子聊聊自己也是受益颇多。这次儿子出去，不再挑食了，比以前成熟了好多。人经历了，就在成长！

附短信：

刘老师，我是晨宇的妈妈，儿子告诉我您父亲的事，他让我一定给您发个短信，我感到儿子内心对您的惦记和心疼，孩子内心的痛我能感受到。他不会表达，只觉得您为他们付出太多了！谢谢您！人生可能总会有些不如意和遗憾，一定要坚强，一定要保重身体！

> **热帖分享（十九）**
> 心灵的震撼是让孩子成长的最好契机，教育就应该渗透于无形之中。

34. 偶遇

2015年8月18日。

上周我去市里备课，偶遇儿子高中班主任，本来就想找机会和她聊一下孩子脱产的事，结果居然遇到了。

说句实话，我觉得特别不好意思。自己当了20年的班主任，居然不太敢面对儿子的班主任，是不是有点太怂了？儿子上高中已经一年了，一直以来，我就没有勇气和班主任交流，只有在家长会的时候，偶尔说上一两句，然后就没有下文了。真的不知道这是什么心理？反正，就是不敢，也不太愿意，除非迫不得已。

交流了一会儿，我发现焦老师还是很好相处的。我们两个毕竟都是教语文的。我之前还在反思，自己真的是语文老师当中最不会说话的那个，所以就不说，回避自己的弱项，但现在没办法，只能硬着头皮说了。

在交流中我得知，在老师的心目中，儿子是个特别懂事的孩子，他情商高，所有的事情都积极参与，热爱集体，偶尔有点儿小懒惰。我们一起探讨了脱产的问题。老师觉得儿子很稳当，脱产一段时间是不会对儿子产生太大影响的。

老师的一席话让我对儿子有了一个新的认识：其实像晨宇这样的孩子，将来出成绩是很容易的。因为他没有太大的压力，心态特别好，还不是死学的那种，总觉得还有很多的劲儿没有用到，所以现在还是要给他施加点压力，让他有点紧迫感。

这样到高三，他有了成绩，上考场时心态也好，就不会有问题了。

听着焦老师的话，我觉得现在用这种状态对待儿子是正确的：一切他做主，如果他觉得有问题，可以随时和父母商量，原因只有一个，他长大了，他需要规划自己的生活。

我一直觉得儿子是幸运的，幸福的。他遇到的老师一直都对他这么好！也许是儿子的这种性格，也许是他的为人，也许……

今早我还在和老公说，不知道为什么，即便是刚刚接触过一两次的人都会说，我很有福，我这个人真好，现在我明白了，其实我一直开心地对待每一个人，别人也会这么开心地对我，生活就是这样！我会一直这样开心幸福地对待别人，对待生活，我也一定要继续这样开心幸福地生活！

35. 男人的方式

2015 年 8 月 25 日。

儿子在脱产，每天都很辛苦。脱产的孩子自然没有太多的乐趣，儿子是个兴趣比较广泛的孩子，他每天都会带着自己的球鞋，在操场上踢上一阵子足球。

那天，儿子把手机放包里，在同学递包的时候，同学淘气地把他的包扔高掉到了地上。同学不知道手机在里边，结果屏幕和镜头都被摔坏了。儿子很心疼，因为儿子和那个同学关系很好，所以他说了两句很直白的话："手机在里边，别扔啊！""你有病啊！"也许这些话，在他们之间应该没有什么，在那种现场应该不会有问题，但李同学就不高兴了。"大家问我手机怎么了？我说：'李同学不小心把手机摔坏了。'其实，我不是因为手机坏了生气，而是他摔坏了手机，连一句道歉的话都没有。他可以说：不好意思啊，我也不知道手机在书包里啊。哪怕只有一句，我也不会生气的。"

"儿子，妈妈觉得他的心里应该是这样的：你当时说的话有点重，他不太接受，也可能他不知道怎么说才好？"

"他肯定不是那种不知道怎么说的人。"

"那这件事就只有两种可能，一种是他认为你们关系特别好，说什么都多余，还有一种就是他就是这样的人，你通过这件事认识一个人也是不错的。但我觉得后者的可能性不大。还有，你是个男人，男人对于这些事是不应该计较的，你应该以男人的方式去处理，那就是当做什么都没有发生过，和以往一样。人心都是肉长的，时间长了，就互相了解了。可以长处，那就当作真心朋友处，不可以长处，至少还是同学，总比别人要近得多。"

"我知道，可如果是我，我一定会和人家好好说一下的。"

"他不是你，所以不能用你的方式要求别人，最主要的是每个人都有自己的处事方式，这不能代表这个人的好坏，只能说每个人思考问题的角度和处理问题的点不同而已。"结果儿子当做什么事都没发生，现在他们正常了，但那个同学骨子里还是有些不好意思的。

交流中我知道，儿子觉得这样处理事情，不会影响情绪，也有一个比较满意的结果，这才是男人之间处理问题最好的方式。

由于儿子这段时间踢球，身体素质好了很多，昨晚和宏伟在楼下跑了七八圈，居然可以和爸爸一样的速度，甚至超过宏伟。看来他没白踢球，高中生活那么累，儿子还能这么锻炼，我也算满意了。这才是我想要的孩子。这才能有男人的胸怀！

36. 儿子的窘境

2015年9月22日。

9月19日，星期六，我陪儿子去考物理复赛。儿子去的时候就给我"打预防针"，据说没学物理竞赛的看都看不懂。我说，没关系，体验一下也好，我们就当在市里旅游了。

9：00，儿子入场了。10：00，儿子出来了。

一路上，还是那个一直在调侃的儿子，但却多了份难得的思考。

"妈妈，回家之后，我想把物理竞赛的书看两本，总不至于出现这样尴尬的局面吧？"

"怎么啦？"

"坐在那里，一点不会儿，你知道那是什么滋味吗？我这辈子第一次体会到，太难受了！你说那些平时总考60、70分的学生，上考场答卷是不是都是这种感觉？太可怕了，什么都不会。"

"他们就是这样的，还有更严重的呢！"

"怎么可能？学就行了，我要是看点物理竞赛书，我都可以答上一些的，可我一点都没看，那种感觉真的是太可怕了。整个人都不好了。"

"我真得好好学了，不会的感觉好可怕啊！"儿子一直在强调着这个词，一直在形容着这种不好的感觉。对于儿子来讲，这应该是人生第一次碰到这种情况的考试，他是学数学竞赛的，结果还通过了物理竞赛的初赛，这是在没学物理竞赛的学生中少有的几个。老师一直觉得他有物理天赋，他自己也觉得自己的物理很厉害。

但这一次，他对物理、对自己、对考试、对知识都有了一个全面深入的认识和思考。

"其实，学多少都是自己的，有知识才不至于出现这样的局面，否则的话迟早会有这样尴尬的局面出现。这种感觉真的不好。"

"是啊，看来什么样的辛苦付出都是有回报的。从来没体会过这样的尴尬，总算是尝到了一回，可我真的不想有第二次了。"

"能这样想就对了，不过也不用去看物理竞赛的书了，还有用吗？"

"学点是点，学什么都是知识，总比坐在那里什么都不会强吧？"

看着儿子心有余悸的样子，我真的有点心疼儿子，不过我更多的是开心，好学已成了一种习惯，他已经很难适应不会的感觉了！但他会很累。所以我的作用就是在学习的空闲时间陪儿子开心地玩！加油，妈妈的大儿子！

37. 怎么教育的

2015 年 9 月 24 日。

今天去学校了，因为很担心儿子脱产后回归课堂会有很多的不适应，于是我第二次去见了儿子的班主任老师。

我们第一次见面是备课时的偶遇，老师对他很认可："晨宇是个情商很高的孩子，他将来一定会特别优秀的。毛病就是有点小懒惰，玩都不是问题。这个孩子很让人喜欢。"在焦老师口中的这些评价真是太高了。说实话，这种评价真的让我很开心。

儿子听了特别开心。

"妈妈，你是怎么把我教育成大家都喜欢的孩子呢？教教我，以后我好教育我家孩子。"

这话有调侃，但也是发自内心的。

"以后你生妈教育。"

"那不行，我得自己教育。"

看着儿子认真的表情，我在想，教育成这样算不算成功呢？今天为了回馈母校，我回到儿子的幼儿园去送书，结果和刘冰老师说起她 10 年前的学生，她居然一下就记起来了，她说，儿子给他的印象太深了。10 年，她居然一下子就想起来了。这就是儿子，无论在哪里，老师都会一直记得他，儿子也一直记得老师。这可能就是高情商吧？

儿子一直很快乐的样子会永远感染着别人。健康阳光应该是他一生都享用不尽的财富。加油！大儿！

38. 只是瞬间

2015年10月28日。

昨天晚上给儿子送饭的时候,看到好多家长,我也只是认识一两个,看到他们交谈甚欢,我也转过身去,听他们热火朝天地聊着。

儿子下来得格外早,是心疼妈妈?还是一个人没有倚仗了呢?我直接选择了前者。因为他是我儿子,我懂!

儿子出来之后我没看到,他在后边挠了我几下,我们两个在家总这样闹,我忽然发现家长不说话了,我一回头,发现儿子伸着手在挠我,我推了他一下,"烦人啊",他拿着饭盒嬉皮笑脸地走了。家长们都愣愣地茫然地看看我。我尴尬地解释了一句:"我们两个总这样!"说完这话,我看到家长眼中更多的是羡慕,我心里酸酸的。因为好多家长都拿着饭盒,孩子木然拿过,互相转身就走。

今天晚上送饭,儿子特别调皮地跑到我面前,我们两个打了个不正式的招呼,儿子乐呵地走了。

周边家长问我:"你和孩子关系这么好?""是啊,在家我俩也闹。"我没再说什么。对旁人的教育我无言以对,我能做的就是让我的孩子、我的学生幸福快乐!如此而已!

人生有很多瞬间,那一刻我很幸福,但作为一名教育工作者我却很心酸……

39. 大大的儿子,小小的我

2015年11月18日。

这段日子,我的生活处于一种无序状态,整个人都不好了。生活处于荒芜的状态,就是个乱。生活的轨迹似乎偏离了自己的方向,一定要及时回归自我!尽管每天的事情都是铺天盖地的,但我还是要调整心态,相信一切都会好起来的。

从北京回来,我直接就去接儿子。见到儿子的时候,依旧是我们常态的招呼:"帅哥,日子过得好吗?"儿子告诉我:"妈妈,我这段时间状态不好,心情不好,感觉有一阵子没学习了。"

"想妈妈了?"

"没有",这就是男孩子,他们是不会直接表达出来的。

"没事,妈妈回来了,你心里就应该有底了吧?"

"那是。"

"不过,这次考试心里可没有底。"

"没关系，考试就是一次检验，考什么样无所谓的。"

"你真的不在意？"

"不在意啊！如果是高考，我可能会想想，平时的考试，你自己尽力了，就有成绩了，如果没尽力，下次努力不就完了吗？你说是不是？再说了，你的实力我很清楚，你一直也没用太多的精力去学习，这不也是你自己承认的吗？没事的。"儿子似乎放松了好多。

我不知道自己出差会对孩子的学习有影响，中途我们打过电话，我以为儿子不太依赖我了。可看他那种没有主心骨的样子，我知道，妈妈在他心目中还是很重要。

"儿子，妈妈在你高考前不再出差了。妈妈向你保证。"

"没事的。"儿子很淡的一句话，但我能感觉出他心底的放松。回到家里，儿子在身边贴乎着我，搭在我肩膀上的手能感觉到，儿子确实是想我了。

我的内心有一种不安与愧疚。一直以来，儿子在我心目中都是第一位的，没有什么可以让这个事实改变。现在是大大的儿子小小的我，但在心理上，我的强大要远远胜过儿子。我们两个是不可分割的。

儿子现在不像以前那样喜欢把事都说出来，有时候他是自己承担着。两个月脱离课堂常规课，他又不会像别的孩子那样学习，他还是按着自己的节奏走，该玩的时候还在玩，这种状态对于落下两个月课的他，一定会遇到一些问题的。这种时候我应该留在他身边，可能没什么具体用处，但毕竟可以让他的心里有一份依托。

我知道陪伴对儿子太重要了，但我没意识到会有这么大的影响，看来真的要及时反思了。

40. 迟来的青春期

2015年11月19日。

这段日子，确切地说，快有小半年了，儿子的思想突飞猛进，总想用自己的小脑子做自己想做的事。每天背个球鞋琢磨着踢足球，甚至琢磨着在电脑上踢足球，时间真的就在他的手边脚边悄悄地流走了。

一个人正常生活学习不用多费力，可他脱产了两个月没听课，上次月考就不是很理想，想往上追是很难的，特别是在前边的同学，想再前进几名都很难。他又大意了。期中考试如期而至，成绩很不理想：语文132 数学135 英语141 物理71 化学93 生物87 总分659，年级87名。令大家都很震惊的成绩和名次。我倒没上火，我告诉宏伟：儿子是没学，不是不会，这是有区别的。

"你有什么打算吗？"

"成绩出来我就反思了，做题少，我要刷题。"
"有具体规划吗？每周做到哪？"
"那就做着看呗。"
"那肯定不行，你上次考完还说刷题，但是也没刷呀？"
"那是我没认识到严重性，这回我认识到了。"
"那你也得定具体时间。"
"我都想好了，为什么要定？"感觉到一股硝烟的味道，我急忙劝了一下。
"儿子，听爸爸讲，别像小刺猬一样，有话好好说。"

儿子的小倔强来得晚了些，真希望别带到高三！有的孩子进入青春期较早，儿子应该算比较晚的一个了。孩子总有小主意，但没影响本质就放纵一下也好！

热帖分享（二十）

与孩子之间的友好相处模式，决定了孩子的学习效率，最终会影响孩子的学习成绩。

41. 这个周末

2015年12月3日。

这段时间，儿子的周末过得还是很愉快的。这个周末（11月21日），他一天看了两场球：恒大、巴萨，这是儿子的足球梦想。

"这个周末怎么安排的？"
"别的都无所谓，就是能看到球赛就行。"
"没问题，想吃顿好的吗？"
"想吃串。"
"没问题，那咱们就和韩同学家一起吃吧？"
"好的。"
"还有就是得开个家庭会，有时间吗？"
"这个可以有。"
"我还想在1：00看巴萨的球。"
"没问题，不过你把电脑搬到自己屋去，自己定闹钟，那你周日准备几点起床呢？"
"7：30吧，不能总睡懒觉了。"我们就这样愉快地决定了。

每个周末，我们都是在这样简单的对话中，他做他的事，我们做我们的事。

周六我陪老妈是不可更改的一件事。晚上回来，看到儿子疯狂看球的场面，我的心里似乎需要平静一点，于是自己独自走向了清冷的夜色中，宁静的夜也许才是我这个年龄段的人的世界。

星期天早晨8：30，我去叫儿子起床。"儿子，该起床了。"

"几点了？"儿子睁开困意正浓的眼睛。

"你猜。"

"7：30。"

"你真的不了解妈妈。"

"那我知道了，8：30。"

"你还知道妈妈心疼你啊。"

"当然知道啦。我本来想在看完球后直接学习，可后来没挺住就睡了。"

"没事，起床吧，起床后就抓紧吧。"

"好的。"儿子难得的轻松起床，没在床上赖着。

家长会后家里的家庭会气氛是比较严肃的。针对这次成绩，需要对学习的计划、方法、时间进行合理的调整和重新的整合。每个问题在探讨的时候，大家都会谈出自己的看法。宏伟对儿子的学习不是特别满意，可我觉得还是不应该表现出来的。儿子这段时间的节奏是有点慢，但学习确实是很辛苦的事。他们父子有过的承诺，似乎兑现的并不好，但儿子主动承认了自己的问题所在。

儿子现在的做事思维特别有意思，他会把我们两个可能想到的都想到。其实这样也锻炼了他独立思考的能力，他会在和他谈话之前就想明白，然后，他会告诉你他想到了哪些。其实这也是好事。

谈话很重要。儿子能及时反思，这就是收获！期待下一段的努力会有一个好的结果。

42. 成长

2015年12月31日。

我这一段时间的生活一直在偏离轨道。每天都很忙乱，不知道自己做了些什么，失去了自我。43岁的女人，节奏忽然就乱了，似乎不应该，似乎早了点。

从上周六到现在都快一周了。我的感冒症状一直没有减轻，尽管本着自己不打针的原则没有打针，但真的是拖了很长时间，身体真的是大不如以前了。

上周六，儿子代表学校参加了市里的足球比赛，这是吉大附中第一支足球队，他们进了吉大附中校史的第一粒进球。那天天很冷，我看到了执着于足球的儿子，我更看到了一颗战斗的心。我喜欢男孩子参加竞技运动，男孩子就应该有斗志。他们没有教练，没有场地，没有专业训练，没有任何的保障，只是执着于自己心爱的足球。而我一定是全力支持的，只要参与，孩子的状态和心态就会不一样。比赛等了太长时间，我以为自己还很年轻，去打了会篮球，出了一身的汗，结果我就感冒了，真的还以为自己年轻呢？看来不是这样的，我不能不正视自己了。

"你不应该再陪我了，你看你现在的身体，为什么总感冒？为什么感冒总不好？就是休息不好，我现在是高二，你跟着挺，到高三我要学到更晚，你还能跟吗？"

"你不是也在熬夜？妈妈心疼你，就想陪着你。"

"可你多大岁数，我多大？你想过没，我年轻，我没事，可你不能再这样了。"儿子如是说，我忽然发现，不承认自己老是不行的。儿子长大了，他知道心疼你，他也知道为你着想了。

"在家里你可以多照顾我一些，在外面吃饭的时候，就别这样照顾我了，我都多大了。"

"你这个孩子，别把父母的爱当成累赘。"

"妈妈，那不是爱，那是溺爱，你说对吧？"

儿子昨晚在吃饭的时候，说出了这样的肺腑之言。他真的应该脱离我的照顾了。我看了看儿子，发现有一些些的陌生，这是一直很黏我们的那个儿子吗？这种陌生感我从来没过。我忽然想到了别的家长，他们是不是一直和孩子之间就是这样的？儿子的青春期来得有些晚，这算不算叛逆？也可能这就是长大的表现。急于想独立，想脱离开我的视线。

我忽然觉得，作为一名教育工作者，同时作为一个妈妈，我真的应该反思一下了，似乎管得多了些。其实这段时间，我已经刻意放手了许多。他自己能处理的事我就尽量不插手，但还是关注的太多，可能孩子还是有种束缚感，这一年儿子的变化太大了，可能连他自己都没感觉到，他就长大了。

2015年这一年，儿子说，他的心在变：以前到周末或假期的时候，他会想玩点什么，再学点什么，现在是想学点什么，再玩点什么。这是有本质区别的，儿子这样告诉我。说明在心理上他成熟了，至少懂得轻重了。人生路上总要有所取舍。

2015年这一年，我说，儿子，你不能再长了，再长我就买不到衣服了，再长将来都"嫁"不出去了。他都长到1.80米多了。

2015年这一年，儿子说，学习其实并不难，可是想像那些学霸那样学习太难了，我要比以前更努力了。

2015年这一年，我说，儿子，如果你觉得自己的人生努力过了，你觉得不遗憾，妈妈就不会觉得遗憾。

139

2015年这一年，儿子说，坐飞机的感觉真好，可以在蓝天上飞翔，他很享受这种感觉。儿子暑假坐飞机去上海学习了10多天，不过带回的脏衣服和袜子有点多，下次我要注意了。

　　2015年这一年，我说，儿子，妈妈出了一本书，让更多的家长与孩子受益，希望你为有一个这样的妈妈而自豪。

　　2015年这一年，儿子说，做个名女人很难吧？可你把我的"黑历史"都写到了书里，我将来出名了可怎么办啊？你没看那些名人都没有过去吗？

　　2015年这一年，我说，每个人都会有一段历史，你这段人生会让更多人受益，怎么能叫"黑历史"呢？

　　2015年这一年，儿子说，我会按自己的方向努力，我会有自己的人生！妈妈，你应该去创业，都说女人创业成功的更多在40多岁，你的年龄正好！

　　2015年这一年，我说，儿子，妈妈一定会努力，但男孩子一生中总要有个拼搏的目标和想法，如果你的条件不允许，妈妈不会对你有任何的想法，可你的情商和智商还算够吧？

　　2015年这一年，儿子说，妈妈，我有自己的想法，但我不想说，我想按自己的想法去做，做成自然好，做不成我也不遗憾了。

　　……

　　他懂得了感恩老师，他知道心疼家人，他也学会了调侃，他会学各科老师的语调，惟妙惟肖，他懂得了规划自己，他知道给父母打"预防针"，让父母知道每一次考试都可能达到什么程度，他学会了与人交流与相处，他学会了宽容与忍让……

　　我感动于这一年，我感恩于这一年，我满足于这一年，我收获于这一年。

　　儿子长大了！

　　但人生的路还很长，2016，妈妈会和你一起走在人生的路上。路是自己的，苦乐也是自己的。苦，自己悄悄释放，乐，自己慢慢品味。

　　人生路，难不难，脚知道；所有事，顺不顺，心知道。

　　无论别人怎么做，怎么说，坚守自己的原则，不要让别人的想法影响到你，我们不能改变社会，我们不能改变别人，但我们可以坚守自己。善良、快乐、感恩，努力地学习、生活，在正道上直行！

热帖分享（二十一）

　　在孩子的每一个人生节点上，我们做父母的都应该用最庄严的仪式献上我们最真诚的祝福。

43. 经典对话（一）

2016年1月12日。

昨天，儿子期末考试，我们平时很少会问及他的考试，但这次考试是他脱产后的第三次考试，我觉得应该回归原来的位置了，所以我关注的可能要多一些。正常他考完试，我是不会问的，等到出成绩后，我们会处理一次，有问题解决问题，没有问题就肯定成绩。

"儿子，考得怎么样？能不能过700啊？710，720，730？"我的谈话是从调侃开始的。

"那是不可能的。这次的物理答得不好，感觉别扭。"儿子回答得似乎严肃了些。

"感觉你怎么没有以前自信了呢？"我很是好奇，儿子以前说话可不是这个风格的。儿子乐了。

"妈妈，这说明我成熟了，我长大了，以前的自信有点过于盲目，现在我的回答是理智的。"

"真的假的？你突然长大了？"

"是呀，我不会像以前那样盲目自信了。"

"但没有自信也不行啊！"

"这个可以有的。"看着儿子的神态，我真的觉得他长大了。

"上次就没考好，如果这次再考不好，汪老师得埋汰死你，你还是他的得意门生呢？"

"没事，应该是题难，总之，答得不舒服。"儿子的回答很是正式，于是我开始了比较严肃一点的问话："是不会吗？"

"也不是，说不好。"

"那能答多少分呢？你自己觉得。"

"80多分，上不了90分。"

"那你自己可得好好琢磨一下了，要不汪老师还不得批评你。"

"不能。"

"昨晚咱们写的那些单词考了吗？"

"没有，我错的都没考。"儿子的脸上露出一丝狡猾的笑容。

"可不能总靠运气。"

"那倒没有，我错的，现在全会了，考我也没问题的。不过阅读理解有几个题

141

不太有把握，应该分也不会特别的高。不过检查完，我睡了 10 多分钟。"

"你太过分啦！化学咋样？"

"说起化学，有惊无险。本来是 20 分下课，结果他们在讲去新加坡的事，19 分开讲，讲到 21 分时，我发现，答题卡上落了个空没写，我瞬间就写上了，要是不讲话，我就落下个空，不值啊！"

"你是没看到吗？"

"不是，那个空画得太隐蔽了，跟旁边的框连上了。"

"那下次可得注意了。"

"妈妈，语文的作文，我总觉得写得不顺手，左边的议论好像多了些，我用了任志强的事，还为任志强写了一段最为经典的话，你看像不像任志强的语气？"儿子说出了他编的那段话，还真的挺像，儿子把他的作文整个给我复述了一遍，讲得似乎是在读作文一样流利。

"你不是把你写的作文背了一遍吧？"

"没有啊，自己写的就全记住了。"

"儿子，你也太厉害了吧？我一直觉得你特别的厉害：你考 10 级的时候，那么长的谱子，那么多的音符，手指还得动那么快，你居然都记得住，我真的是很佩服你；你在每次考试前自己默写的语文课文，那么多，你居然一个字不错，妈妈也很佩服你；昨晚我在批改你写的单词的时候，我就和爸爸说，儿子太厉害了，居然很少有错的。"

"不愧是语文老师，还用排比句呢？"儿子调侃我是太经常的事了。

"别瞎扯，妈妈说的是真的，有时候，妈妈觉得你真的很能学，虽然和那些天天坐在那里只知道学习的孩子比，你的刻苦程度还欠缺点儿，不过妈妈还是喜欢你这样学习的孩子，当一个书呆子，还不如不学。"

"妈妈，我就喜欢你这样的家长。"儿子一步两个台阶，一口气跑到了家，"你能吗？我觉得我现在轻盈了很多。"

"当然能，你还轻盈？那我也算轻盈了。"

"你试试。"

"不乐意和你比。"

看着儿子一脸的调皮，我知道，无论儿子长多大，在我眼里他始终是个孩子。这么多年儿子一直是这样的，他明天的计划是考完试去踢球，然后可以疯狂看电视，看电影。儿子的生活里，总不会缺少各式各样的色彩。我还是希望儿子如现在这样，我觉得让孩子变得优秀的前提应该是让孩子开心和阳光！

44. 经典对话（二）

2016年1月12日。

关于手机这类的电子产品，家里一直持允许但不支持的态度。

"妈妈，你说爸爸是不是不接受新鲜事物？""怎么这么说？"

"爸爸说微博有很多是负能量，让我少看，可我今天写作文的时候，用的很多语言和材料都是在微博上看到的啊？"

"其实，只要你在浏览，你在阅读，妈妈就不反对。只不过，爸爸妈妈接触这方面的东西少，所以可能在理解上有些偏颇。但妈妈有自己的想法，你可以参考。我觉得任何一个东西都会有利有弊，爸爸可能考虑你浏览微博的时间过多，会分散注意力，所以希望你收敛一些。这个我认为没有问题。"

"关于微博，妈妈是这样想的：你长大了，你上大学后，妈妈是不可能跟着你的，你也不可能遇到任何事情都打电话问妈妈，所以你自己要有思考的能力。浏览微博我支持，但你要有能力去判断，哪些可以多花些时间看，哪些不应该看。每件事情都会有收获，但会有负面的东西跟着出现，这是十分正常的事。还有，你看了电子书之后，你纸质书籍的阅读量就减少了，你一直受益的习惯不应该改变，你能成长到今天，是不是和你大量读书有关系？"

"确实是这样的，你们放手晚，我的成长全都来自书中，如果没有那么多的书，我不可能懂得像现在这么多，可我现在的杂志也不够看啊？"儿子订阅的杂志每年都有好多种，费用在1000元以上，这是固定的。这让他保持了特别好的阅读习惯，也让他从小就培养了坐得住的学习习惯。

"书少，妈妈可以再订，可以买，但绝不能让电子阅读改变你纸质阅读的习惯，最主要的是对你的眼睛也不好，不能让它再发展了。你觉得呢？"

"其实，我在书中获得的知识很多，但我在微博中也学到很多好的东西，都挺好的。"

"妈妈接受，但自己要有自制力，不能让这些东西影响你生活的主体。"

"我知道的，妈妈，你说，就这样的交流方式，我和爸爸是不是得吵起来？你说要是吵起来会怨谁呢？"

"傻儿子，只要你和爸爸吵起来，一定是怨你的。"

"为什么？"

"他是你爹，你是儿子，你在慢慢成熟，他在慢慢变老，况且爸爸是老师，于情于理，你们两个都吵不起来，万一吵起来都是你的错。"

143

"我懂了。我得学会思考，我得学会让着爸爸。"

"不是让着爸爸，爸爸从男人的角度思考问题，还是要比妈妈理性得多，聪明人，应该学会集中父母的优点为己用，你说呢？"我们两个都笑了。

"儿子，真的不知道从什么时候开始，你就站在了应该哄爸爸和妈妈的立场上了，你说妈妈能不老吗？"

"你老啥？你一点都不老，你刚过40，你还应该创业，有自己的事业才行！"

"好啊，臭小子，你自己不创业，让你老妈创业，你想累我啊，我不干！"

"不是说你年轻吗？我更得创业啊！"

我和儿子之间的对话，似有意，又无意，但我们都懂得。

说实话，和这样的儿子谈话，我很开心，有些事其实不用说得太直白，他真的是长大了。

热帖分享（二十二）

良好的亲子关系可以助力家庭的融合，同时可以让孩子真正养成终身受用的品质。

45. 变化

2016年3月3日。

儿子这段日子的变化，我是看在眼里急在心里，但我更多的是在调整自己，只是偶尔和儿子聊聊天。我不想给儿子太大的压力，每个家庭都有自己的想法，我没有太高的要求，可能是自己心态产生了变化，我觉得这样可以让儿子过得舒服一些。

我一直告诉儿子，不遗憾就是我一生的目标，我觉得每个人都应该如此。人活在世上，做事凭良心，如果自己满意，别人也就不会多说什么，无论是老师还是父母。

儿子这段时间有主意多了，这应该是好事，可我还是觉得心里一时难以接受。其实我一直很矛盾，总觉得他作主的事多少有些偏颇，我一直努力说服他，可现在我想明白了，我们总说让孩子独立，可当孩子独立了，家长在做什么？于是我告诉自己，少管，只提一些想法和建议。因为家长自己内心总会有一些打算，所以当孩子的想法和你的想法有出入的时候，自然就接受不了。可现在不同了，我觉得自己的想法其实并不重要，重要的是孩子怎么看！

假期前的竞赛课，儿子没有上，他说自己需要上点常规课。去上海前，他一直没上竞赛，回来后觉得自己的常规课做得还不够，于是开学前的一周自己又上了一周的自习。说真心话，我很开心，他知道自己在做什么，知道自己的强弱在哪里，我觉得自己再操心真的是有点多余了。但这样的放手算不算不负责任呢?

正如儿子所说:你做好你的事,我做好我的事,我们都可以做得很好,谁也不用管谁。理论上是这样的,但当妈的心里似乎就是不太踏实。这种变化有点让我觉得自己失去了什么,但我还是接受了。

从儿子的角度来说,他在努力,可他的努力程度还是和别的孩子有一定差距,我经常告诉自己:自己家的孩子就属于这种类型,如果他一动不动死学的话,他也许什么也学不会了呢!可儿子的精力外流的还是多一些,这可能是所有兴趣广泛的孩子的通病。他们的关注点有点太多了:女神的一举一动,喜怒哀乐都会牵动他的心;恒大的每一分都会让儿子心潮澎湃;足球中的每一个新闻都会让儿子激动不已。每天背着自己的球鞋上学,作为高二的孩子,过分吗?每期都不落地观看《快乐大本营》,每周六的电脑足球,所有的这些,我从没控制过,也没想过要控制。这样过分吗?我没觉得,但我这个妈妈是不是不对头啊?我一直支持儿子做的所有事,只要不是违规的事情,但这种支持会不会让儿子的人生留下遗憾呢?这也是我一直在反思的问题。

我一直努力思考着家庭教育,可我觉得即使这样,我的脚步都没有跟上儿子的变化。适应也许是我目前最应该做的事情,在适应中调整我们两个的状态。

我还是期待能让儿子成长得更快乐,更舒心!无论他在成长中有着怎样的变化,我从没想过让孩子为了我怎么样,我只是想让孩子幸福,如此而已,很简单。

46. 有些我们真的不理解

2016年3月3日。

我一直不太明白,儿子的自信来自于哪里?自信太过难道不是自负吗?但假期前的一段对话,让我对他生活的氛围有了一个新认识。

儿子给我讲了一个故事:两名女同学出去吃东西,其中一人说,这假期也没好好学,另一女生说,是啊,万一将来考不好,考去港大怎么办?全屋吃饭的人不再吃饭,都看着她们两个。这是儿子的班级里两名女同学的对话。后来,机缘巧合的情况下,我有机会和儿子班主任一起出去考试,提到这件事,她说,这是事实,因为那个孩子考得不好真的就是去港大了。我震惊了!

老师又给我讲了一个故事:我们班上届毕业的学生,最低分是647分,那个孩子特别失落,因为是班级倒数第一。在参加一个活动的时候,他情绪低落,有很多朋友很关心他,他说他在班级分数是最低的,太丢人了。别人问是多少分?他说才考了647分。其他的小伙伴都震惊了!

儿子一直在说，不是不会的问题，只是熟练程度的问题，以前我不理解，现在看来，对于他们来讲的确是这样的。在这个环境里，除了学霸就是学霸，像儿子这样学习的就是这个群体里的个例。老师也觉得孩子不够安静，在努力程度上还是欠缺。我和儿子分析了，儿子也认同。

我现在感觉到自己的认知和儿子是有一定差距的，毕竟所教的学生差异太大了。可能确实如他们所说，我没办法理解，他们很多人补课不是因为不会，而是为了更好。很少有学生补理科，补文科的是为了实现更高的目标。

英语老师去青岛工作了，儿子难过了好一阵子，我没太去打扰他。儿子说每个人都会有自己的想法，她迟早会走的，她那么优秀，可以做同声传译，怎么可能在这里教学呢？只不过没想到她这么快会走，以为可以把这届学生送走呢。

儿子和老师的感情都是特别好的，理解和祝福可能是他现在唯一可以做的，毕竟儿子是个情商很高的孩子，但我能感觉到儿子内心的那份不舍。

人生活在怎样的环境，接触怎样的人，他真的会产生不一样的想法。现在，我终于慢慢地明白了。有些事情我们真的是不理解，但我会努力跟上这个节奏。但我觉得，不管理解不理解，学习中是一定会有盲区的，多学习还是有好处的。我们可以让自己更优秀，每一个人的人生都没有最好，只有更好，这个道理我想大家比我更懂。

无论怎样，我还是要说，加油儿子！妈妈支持你，无论是有原则还是没原则，这就是妈妈！

> **热帖分享（二十三）**
>
> 站位高、高平台才能让孩子的人生走向更高更远。

47. 如果以前不那么优秀……

2016年3月10日。

高中的压力实在是太大了，我们没有办法想象。很多人可能都不理解，但我是完全可以理解的。

我们对孩子关注得太多，照顾得太多，没有让孩子学会承受，这是我们作为家长自私得不能再自私的一面了。我们总在为孩子考虑，可事实上我们做了一件最错误的事情，说得简单点，我们没有让孩子学会怎样去飞，然后直接就把孩子推出去了。我知道自己错了，所以我一直努力在弥补。

"妈妈，如果以前我们不那么优秀，是不是就会像普通班的孩子一样，想干什么就干什么。"

"儿子,你是否优秀不重要,重要的是,妈妈认为你现在也可以想干什么就干什么。"

"不可能的,既然都走到了今天,就得坚持往前走。但有些时候真羡慕他们啊!"

"其实,妈妈也羡慕他们,妈妈也想那样自由自在的。但每个人都会有自己的苦恼。我们可以疯狂一下,可以任性一次,不用在意很多的规矩,妈妈永远都会支持你做'坏事'的,好不?"

每每这种时候,我就调侃一下。但儿子还是沉默的。

"妈妈是什么事都可以做出来的,只要你能释然,妈妈只想让你开开心心的。妈妈倒觉得,同样是辛苦与付出,在高中付出得多一些还是合算的,但妈妈也不希望你学得像个书呆子一样。哪天,咱们三口人,在草绿花开的时候,偷偷跑出去放纵一下。"

儿子乐了。"哪有那样的时间,要不这个周末去看场电影也行。"

"好啊!也有一阵子没看电影了。日子本来是应该这样过的。"看着儿子的小脸上终于有了笑容,我长出了一口气。

晚上回来,儿子和我学着化学老师经典的语气,讲着化学老师听自己唱歌的段子,惟妙惟肖,我们两个哈哈大笑。

不管孩子长多大,他终究还是个孩子,及时的开解还是会让他很快走出来的。不过,走出来快,闹心的时候来得也快。好在我这个当妈的随时都在他的身边,他可以随时找到一个释放和宣泄的渠道,这个太有必要了。

儿子,妈妈爱你,妈妈永远支持你,这一点就足够了。

加油,大宝贝!

48. 那天,我们谈着《太阳的后裔》

2016年4月3日。

接儿子的路上,谈着老师和学生的种种,我们两个都会乐得前仰后合。有一件事,我一直做得不好。家长群里发的化学题,45页,我一直没来得及给儿子打印,老师说直接从里边出题考试,可我还是没打印,于是有了下边的对话。

"考化学了?"

"考了。"

"不好意思啦,最后也没帮你打印出来,妈妈保证明天一定打印出来。"

"没问题的,不着急,我们都考完了,老师只批了一道题,打了一个闪。"

147

"什么？"我石化了，儿子乐得不行了。

化学老师写"阅"的时候，里边就两笔，就是一个"闪"。这就是孩子，永远能发现新奇事物。儿子喋喋不休地讲着"闪"的故事。化学老师最有意思的是别人如果考了满分，他会在上边签名，可我们觉得更有意思的是，他用的是批改的红笔啊！

我们两个都开心地笑了。

"儿子，其实教师是个很可怕的职业，每天都会有那么多的小坏蛋在琢磨，一旦有一点点小问题，你们全都会看在眼里。"

"那是调解生活嘛，在卷子上签个名，那得多帅？"

"可没有宋仲基帅啊！"

"那是。"

"我现在倒是觉得这是一种悲哀的事，全民都在看帅帅的欧巴宋仲基，还有他一直在秀恩爱。你怎么看？现在追得都好狂热啊！"

"听说了，好像网上这件事炒得很火，宋仲基确实很帅，包括那个迷彩造型。我看还有人说，为什么中国的军人不能这么帅？说中国军人要有这样耍帅都得被人骂死。"

"其实中国军人中也有帅的啊！我看了几集，我也觉得宋仲基好帅，全民好老公啊。"

"啊？你也看了？你也觉得帅吧？"

"那是，我审美也没问题。不过让妈妈印象更深的是他们的爱国精神，一个民族想要强大，总得有一种灵魂。他们为了祖国的荣誉可以牺牲自己的生命，当然我们也可以，只是我们没有遇到这样的机会。"

"是啊，日本不也是这样吗？日本也有一种核心的精神，他们可以为了自己的国家随时切腹。"

"对啊，一个发展特别快的国家是这样的，你看韩国、日本和新加坡，这些国家的孩子到一定年龄是要服兵役的。我上网查了宋仲基的资料，2013年到2015年他在服兵役，他在部队里是很优秀的。他在电视剧中就是本色出演，他的帅和他的军人气质有关，而不是单纯因为外在的长相。"

"那也是啊，人的长相是一方面，还有内在的一种东西。"

"其实每个社会都有自己黑暗的东西，里边有两个细节：一个是女主想当教授没当上，因为没有背景；一个是男主说要当将军，他父亲说没有实力，没有家庭背景。其实每个社会都会有自己的不足之处，只看我们怎么去应对。我们可以努力改变自己的处境，既然我们没有这样的背景，没有实力，靠自己的努力是可以改变一些现状的。"

"那是，社会总会是这样的，有问题存在也是正常的。"

我喜欢儿子在说到严肃的事时那副深沉的样子。我们一路聊着，很快就到家了。

每一个大家普遍追的东西，我们都没有理由不让孩子参与，但要引领孩子怎么参与。疏导总要好过堵吧？当年的大禹治水和他的父亲鲧治水的结果，不就说明了这个问题吗？

教育关注点点滴滴。天下柔弱莫过于水，而莫能胜之。教育亦如此。

热帖分享（二十四）

家长适当的疏导与引领是孩子最为宝贵的人生财富。

49. 儿子的时间管理

2016年4月3日。

儿子这段时间一直是最累的。他一直在学竞赛，也一直在跟常规课。像他这样的孩子已经没几个了，多数学竞赛的孩子都已经脱产了。可能我对儿子的影响还是很大，我不主张没学完课就脱产，所以儿子想等到这段时间的课程学完再脱产。说实话，我特别心疼儿子，但没有办法，我们改变不了什么，我们也帮不上什么忙，我觉得我现在帮的最大的忙就是给儿子自由与自主。

离这次的月考还有两周，儿子一直很纠结，想好好准备月考，可又怕把竞赛扔两周会手生。"自己决定，考虑好利弊就行"，这永远是我给他的建议，如果需要，再进一步分析，如果不需要，他怎么决定我们就怎么做。于是，儿子开始了为期两周的自己上自习备考阶段。

儿子认为自己手太生了，好多题都不熟悉，心里没有太大的把握。我鼓励他：没事的，竞赛回来我们还会有高三复习，只要不是全不会就没有问题。其实我也有小小的担心，但更多的还是选择相信儿子的能力。

清明小长假来临了，儿子做了好多的打算。他想在现场看一场足球比赛，一场凌晨的直播，一场电影，踢一会儿足球，总之自己喜好多多。这些我都没有发表任何意见。

星期五晚上我去接儿子，儿子说："我还是不去看现场了，你说是不是有点过分？马上要考试了，我是不是得把心思放在复习上？"

"你时间如果安排得开，你就去，你觉得时间紧也可以不去，亚泰主场的足球经常有，想看的时候，我们随时都可以。"

"我觉得还是不去了。"

"那也行。"

"可电影这周得看，如果下周看就太过分了，看完电影就去考试，那也有点太'霸道'了。"

"没问题，你如果确定好了，妈妈爸爸就定时间，我们好买票。"

昨天晚上，儿子居然有点感冒，有点发烧。

"妈妈，看来我看不了足球了。等结果吧。"

"也好，感冒了就吃点药，早点睡，明天早上就好了，要不感冒了还遭罪。"

"好的，我早点睡。"儿子在 22：00 吃了感冒药就睡了。

他是个很优秀的时间管理者，有时候我们可能会觉得他不是十分抓紧，但在他的范围之内，他尽力了。他做到了最好，我没有任何的异议。我觉得这样做父母很省心，也很开心，因为他有自己的想法，我们不用事事挂心，完全可以有自己的事业。就像假期的时候儿子告诉我的：你做好你的，我做好我的，我们不用互相管，我们可以互相促进的。

今天是小长假的第二天，儿子昨天学习了一天，晚上看了《快乐大本营》，玩了实况足球。我们都有自己的生活节奏。儿子，加油，希望你的感冒早点好哟！儿子，加油，把握好节奏，开心地拼搏自己的每一段人生！

50. 开心在每天

2016 年 4 月 12 日。

看着儿子一天天地成熟，我真的是每天都很开心。

儿子周一周二要参加月考，本以为他会觉得压力很大，可还是如此轻松。这算不算没心没肺呢？考试前的清明小长假，儿子在家里整整待了 6 天，发烧一直不退，我们家的原则就是能吃药就不打针，能不吃药就不吃药。儿子一直相信我们，就像以前，我一直和儿子说，我们不上课外班学习，儿子就一直坚持不上课外班。我想明白了，家教胜于一切，我们对孩子的影响太重要了。正因为如此，我的开心与豁达影响了儿子，我让儿子每一天从睁开眼睛起就是开心的。

4 月 13 日的长春真的有一种逗人的感觉，本来以为树木已经发芽，春天马上到了，可今早忽然下起了雨夹雪。儿子中午考完试还要去踢足球，可这天气似乎不合适了。儿子没有犹豫，还是带着自己的装备出去了。我喜欢儿子这样，男孩子就应该是这样的，在风雨中释放野性，而不应该是自然界的驯服者。每次儿子自己出去，我只有一句话：记得早点回家，注意安全。他大了，是该放飞的时候了。

看着儿子有自己的生活，安排得丰富多彩，我真的很开心。

我告诉儿子："妈妈想让更多的孩子像你一样开心，妈妈可以让更多的孩子受益。妈妈做的是好事吧？"儿子每次都会赞许地点点头。

我告诉儿子："做教育要做出良知，不沽名钓誉；做教育要做出情怀，无愧于为人师一回；做教育要做点实事，不为功利而做；做教育要做出高度，不要总活在小我中。妈妈一直在这样做，其实做人也是一样的道理。"说这些话的时候，儿子往往和我能达成共识。我往儿子身上传递着开心，善良，儿子总会表示他与我的想法是相通的。

有时候，我也不知道谁对谁错，但更多的时候是想遵循自己的初衷。我用自己的开心与善良，用自己微薄的力量努力做自己想做的事。可能像我这样的人不多，有我这种想法的人更少，可能我是别人眼中的傻子，但我开心，无愧我心，人生无憾，足矣！

加油，妈妈的大宝贝！妈妈支持你！每天都要开心幸福哟！高中生活就是常态生活，学与玩同时存在，生活才会丰富多彩，才会有意义，如此而已！

51. 一份深深的歉意

2016年4月21日。

这段时间我忙于自己的事情，似乎忽略了儿子的感受。每天都是在奔忙中，忽然觉得自己忘记了来时的路，仿佛走得有点太远，忘记了初心。为此向儿子致以一份深深的歉意！

前一段时间儿子月考，我只是关注了一下，和儿子交流了，但我忽略了儿子的想法。从儿子脱产以来，始终就没有回归状态，我也是有点着急。

儿子和我分析了目前的状况，他对自己的回归很有信心。他告诉我，上次考试的时候确实有些不太准确的东西，而这次考试，他没有不会的，就是手太生了，时间有点紧，做的题量少，所以没有准确率，没有速度。这段时间自己刷点题就可以解决了。儿子头头是道地分析了自己的问题，可我还是忍不住谈了点我的想法，其实现在想想有点过分了。孩子已经反思了，说明他经历了一个认真分析的心理过程，这个17岁的孩子，做得已经足够好了。

昨晚去接儿子，我的时间没太安排好，19：30必须要接儿子回家，可我这边和同学的妈妈的谈话还没有结束。

"你不着急啊？"儿子大声说。我感觉儿子太没礼貌了。

"怎么不着急？在车上等我两分钟。"

"我们都没练完我就出来了，你还让我等！"

上车后我真的有些生气了，说："今天你的态度有点不对啊？怎么不看看情形？"

"我不是以为你着急吗？"

"那你也得看场合啊！"我心中这个气啊，大声说了两句，把脸看向了窗外。儿子很委屈，他听了两分钟歌，可能是想调解气氛，但我还是没调整过来。他又把广播关了。

"本来我今天出来就心情不好，特意调整好心情跑到车上，怕你心情不好开车不专心，可你却生气了。"听到儿子的话，我心里咯噔一下，我这是怎么啦？自己瞎忙，怎么能把脾气发泄到孩子身上？太过分了。

我一下子就平静下来，说："发生什么事了？"

"我想让我们班大合唱做到更好，可老师不采纳我的建议。"

"每个人对音乐的感悟不同，意见自然会不一样的。"儿子喜欢音乐我知道，儿子热爱集体我也知道，在中学的时候，他一直都会参与设计这些活动，他也告诉我，他是一个完美主义者，想让班级更好。如此而已。

我和儿子谈了很多，看到儿子那样懂事，我内心有一份太深的歉意。他理解我，主动为我着想，可我还是太心急，做事太冲动。我真的觉得有这样一个大儿子，还有什么好苛求的呢？

他对我的宽容和理解，照顾和开解，反而让我觉得自己是一个不懂事的孩子。今天早上，我趴在儿子的耳边，叫他起床。"儿子，妈妈错了，妈妈这段时间太忙，只顾及自己的感受，妈妈太自私了。"儿子闭着眼睛，但我能看到那份甜甜的笑意，他轻轻地说："没事的。"

这就是我和儿子，我们两个即便有相左的意见也不会冷战超过几分钟。儿子懂事了，以前是我找话哄他，现在是他找话哄我。

早上我和儿子说："其实，我总和你爸爸说，妈妈特别感动你的付出，你那么努力，那么优秀，妈妈已经很知足了！"

"可这话你得对我说啊，和我爸说有什么用啊！"儿子屁颠地笑着跑下了车。生活就应该这样时常增添点调剂品，我们之间似乎比以前更亲近了。

加油，大宝贝！无论怎样，妈妈都很欣赏你，支持你，妈妈永远爱你！

热帖分享（二十五）

爱的传递是相互的，理解和包容也是相互的。平静地对待问题，问题的负面影响就可以最小化，甚至消失在萌芽里。

52. 送给 17 岁的宝贝

2016 年 5 月 6 日。

本以为自己可以洋洋洒洒，书写万言，但今天偏偏停电。手写的过程，不用五笔输入法淋漓尽致地去打字，更能让我回味那份满满的爱与幸福！

似乎用什么言语都难以表达我和儿子之间的情感：感恩上苍，给了我一颗开心果的同时，又给我一件这么贴心的小棉袄；感谢儿子一直以来在生活中对我的陪伴，我们风雨同行；感谢儿子，从小到大对我的包容和理解。想想儿子对我的照顾，想想儿子对我的期待，我知道用"幸福"这个词来形容我的心情都过于苍白！

我知道：我很幸运！想一想和儿子这开心幸福的 17 年，记忆中都是满满的正能量，爱与幸福！我知道，我们还会有这样的好多个 17 年，我期待永久！

但我想说："儿子，生日快乐！是你让妈妈成为了这个世界上最幸福的女人！"

你正直、憨厚、善良，你的兴趣广泛，你敢爱敢恨，你有自己的规划，你有自己的人生理想，你对别人心存感激……妈妈眼中的你是有大智慧之人，你是妈妈的朋友中最优秀的人，一个了不起的男人！

17 岁，你迈向了人生的又一个高度，妈妈知道，你比我更了解你自己；

17 岁，一个可能在人生中起决定性作用的年龄，妈妈知道，你有了自己的方向；

17 岁，一个花一样的年纪，妈妈希望你充满活力；

17 岁，一个梦一样的年纪，妈妈希望永远可以从梦中幸福地笑醒……

妈妈希望你幸福，今生不会变！无论是 17 年，70 年，还是永远……

宝贝，生日快乐！加油！

无论你做什么，无论你有什么想法，妈妈永远是你坚强的后盾，铁粉！永远的朋友！

53. 17 岁的儿童节

2016 年 6 月 1 日。

我承诺过，要给儿子一个完美幸福的童年，这是我能做到的，也是我想做到的！

虽然儿子已经 17 岁了，但他还是一个"儿童"。我要让儿子带着 17 岁的玩具走向 18 岁，走向青春，走向成熟！

"明天过节，今天妈妈给你买了礼物。"儿子满脸的好奇，以前我是不会提前告诉他的，可这次实在是拿不动啊！"

"会是什么呢？"

"你猜，你一定特别喜欢的。"

"会有这样的东西？不会是变形金刚吧？那就是遥控车？"我一直在摇头。

"其实我可以不告诉你，但我拿不动，所以要提前告诉你，你得拎上去。"

"啊？什么东西？你会拿不动？"

"很沉的，但你一定会喜欢的，不可以玩到不学习啊？"我神秘地向儿子笑笑，儿子故作深沉地想了想，"你不应该这样的，妈妈，你送人礼物的时候，你不能让对方抱太大的希望，一旦不理想，就会出现落差的，你应该说，不太好，然后效果就出来了。那就是惊喜！"

"臭小子，琢磨得挺透啊！还挺浪漫呢！那我就说不好玩吧？可我还是忍不住说，不能玩太久啊！"儿子真的无语了，朝我做了个鬼脸。

我们一直在谈着班级的事，同学之间有趣的事，但我能感觉到儿子的心不在这里。下车后的第一件事，儿子打开了后备厢，"啊，足球玩具！我喜欢，谢谢妈妈。"

"妈妈一猜你就喜欢。不过别失控啊！"

"失不失控不取决于我，取决于我爸，得他陪我玩。"

于是，匆忙吃过饭，两人就开始了儿童节礼物的拼装过程。好长时间没看到他们两个在一起这样投入地玩玩具的情景了。我真的有些感动。是儿子大了？是没有时间了？还是我们失去了生活的情趣？总之，这种温馨的场面的确是久违了。

时间一分一秒地过去了，工程浩大，一个小时，一个半小时。我有点后悔了，好耽误时间啊，但看他们两个开心的样子，我没有说什么。安装完毕，他们两个玩了十局，我看到了这个世界上难以找到的开心笑容。我知足了，不管浪费了多少时间，不管花了多少钱，换回的是儿子真正的快乐，值得！

"妈妈，妈妈，你也玩儿会。"

"没问题。"我是从来不扫儿子兴的。于是我也参与了。我们好久没这样放松过了。我忽然觉得，真正的快乐其实很简单，但我们却一直在忽视，一直以各种借口在错过。我觉得这份童真太可贵了！

至少在我家里，这份快乐会持续一阵子。儿子还让我把它保管好，他还要拿到大学。儿子就是一个大孩子，有着率真的本性，也有着质朴的情感，这就足够了。开心总是短暂的，他们两个相约十局之后就去学习，儿子又去学习了。但能感受到儿子发自肺腑的开心。

17岁的儿童节，宝贝，节日快乐！开心幸福就好！祝福儿子永远幸福，一生保持住这份童真、童趣！

（三）冲刺阶段的呐喊与爆发

这是 2017 年的三班教室：

"什么都阻挡不了我们必胜的脚步！"

"底线 640，必胜 680，勇夺 690，冲刺 710。"

这是儿子班级墙上的条幅，红底黄字，那么炫目耀眼。还有儿子设计的班徽，王者——猛虎的头像，让你感受到的是那份王者的风采，与这个班级是如此的和谐！

每次来到儿子班级的时候，我都能感受到一种向上的力量，产生一种不进步马上就可能被落下的紧迫感。

这是怎样的一个口号？这又是怎样的一个班级？那张霸气的班徽，让你不得不佩服他们班级的这些标语，这又何尝不是他们努力的目标和桩桩誓言！

班级里有一面墙上都是每个人高考的目标，每个人的方向。我终于明白，目标与方向在人们心中的力量，环境对人的熏陶的力量。没有大的志向，怎么可能往更高更远的地方走？怎么可能竭尽全力去面对自己的人生？

他们在这样的环境里，感受到的是无时无刻不在向前的一种动力。

1. 我也谈谈自己对学习的认识

2016 年 7 月 19 日。

我终于又开始着手写东西了。这段日子，对于我来讲，似乎显得昏暗了很多。整个人是混乱的。自己似乎做了很多事，但总会有一种力不从心的感觉。于是，提起的笔又放下，好多次，无力写下去。今天，终于又有勇气开始写，我都有些佩服自己了。

这段时间，我们应该正在经历儿子青春期里最严重的逆反期。儿子在逆反，但我觉得我的逆反更重。儿子往往会说：看看家里，谁的小脸不高兴了。他这是在说我。尽管并不开口批评儿子，但我似乎处于一种失控的状态。我一定要及时调整自己。但儿子终究是儿子，他一直是理解我，相信我的，而我也一直理解儿子，相信儿子，这一点很重要。

这段时间，竞赛课和常规课牵扯着儿子的精力。没有拿到进入清华综合营的机会，这应该是迄今为止儿子人生路上摔的最大的一个跟头，也是一个不小的打击，但我并没有看到太大的动力产生，这是让我不能接受的。本来，为了这个综合营，他要拼命学到期末，在期末成为一匹黑马，可这个综合营提前来了，他没了斗志。人这一生，如果没有斗志，做事始终是没有原动力的。

儿子的期末考考得并不理想，用班主任的话来说：如果你没有霸气，那我都不会与你谈话。儿子有霸气，但我总觉得缺少点什么！

我们一直有一个话题没有达成共识。我们认为，学习好的孩子，学习应该是很有成就感的，应该有一份喜悦，但儿子认为即便是有，也是短暂的，不可能长期觉得特别开心。

以前不理解，古人总在说："书山有路勤为径，学海无涯苦作舟。""梅花香自苦寒来。"为什么是苦？应该承认，学习是苦的差事。我现在理解了。其实，我们不能一定要孩子改变什么，他学习了，收获了，就可以了。儿子也在说，上了大学，学的东西才是开心、高兴的，因为那些更多的是因为自己想学。

暑假开始了，这是儿子高中的最后一个暑假，也许应该有所成就。我知道，这样儿子会很辛苦，但我还是很期待，期待像儿子所说的，这个假期会是一个改变。家里因为装修很乱，应该不会对儿子产生什么影响吧？

我整个人都是混乱的，但我会尝试改变自己。我想儿子也在努力调整自己，我们一定会早日让一切回归正轨的！

加油，宝贝！

2. 这一年，我要记得（一）

2016年10月11日。

2016年8月，儿子上高三了，高三的儿子突然出现了一系列逆反症状：像是一个身上长满了刺的小刺猬，满满的刺，满世界的人都让他不开心。我理解儿子，毕竟高三有压力。虽然儿子此前没有过叛逆的状况，但他的叛逆不会离谱，他不会与我顶嘴，不会让我不开心，不过我能感觉到他的不顺心。

我知道，儿子的生活一直处在一个矛盾的选择中，他总给自己一个暗示，觉得自己有选择疑难症，其实我觉得这是不对的。说白了，每个人的人生都随时处在选择当中，但没有人知道对与错。选择往往都会有下赌注的成分，赢了，我们的选择就正确了，输了，我们可能就是选择错了。人生就像赌场，怎么可能总赢呢？其实只要我们选择了就努力去做，是无所谓输赢的。

我特别心疼儿子。在我的心目中，儿子始终是最优秀的孩子，无论是学习还是做人做事，每一个方面都让我放心，让我自豪，让我幸福。他的幽默，他的孝心，他的爱心，他的执着，他的认真，他的努力，他的规划，他的大气……想一想，儿子的优点，我都很难能数得过来。他在我的心里就是这样一个优秀的臭小子。他的压力更多的不是来自于我们，而是来自于他自己，他清楚自己要什么。

我知道，儿子是最辛苦的一个孩子，他始终徘徊在竞赛课和常规课之间。本来人生中的每一次选择都很难，而这次的选择更难。我知道儿子很累，我清楚儿子累的程度。很少熬夜的儿子，把自己的睡觉时间顺延到了０：００，我知道，这对儿子来讲，已经是很努力了，因为他白天效率要特别高，他的高效就来自于课堂。

不论儿子的选择，还是我们的选择，都是很艰难的。我没有那么大的魄力，没敢让儿子脱产。我觉得那样学习竞赛的话，不知道上了大学，他会成为什么样子？在一个领域学习一年半的时间，每天坚持，如果过的是这种日子，儿子会倍受折磨的。我不想这样，所以没有让儿子脱产。

这是一个机会，我知道，也许我们会错过什么。就像我一直在思考，如果当初在初二时，就让儿子上高中课程，会不会比现在的状况好呢？那样的话高中学习的时间就多了一年。但我觉得人生还是需要经历，那样就缺少了一个中考的磨炼过程，我总觉得这样的人生也许不是完美的！最主要的是，孩子的人生中缺少了一份经历，缺少了一份宝贵的财富。

其实人生没有对与错，既然选择了，我们就应该认为这是正确的。我一直在想，学习可能只是一个途径，我不知道儿子的梦想会不会实现，但我知道儿子是有梦想的人，我也坚信他的梦想能实现。而我更清楚的一点是，无论儿子考到哪里，他一定是这个社会上最优秀的孩子，不仅因为他学得好，最主要的是他有着其他学霸所没有的高情商。这也是有那么多人喜欢儿子的原因。

不只是高三，无论什么时候，儿子的生活都太过于让我省心，因此很多人说我：就是因为你儿子没让你受累，所以你才一直想要个二胎。是啊，儿子从小到今天，没有让我受过苦受过累，这是我的福分，也是全家人的福分。

高三，本来就是会出现各种状况的一年。但儿子一切如常。这也是我比较担心同时又比较安心的状况。一切如常，可以让他不至于因压力太大而影响心情，但也会让你看不到高三的状态。

宏伟一直问我：高三应该是什么状态？其实我也说不好，儿子就是这样一个边玩边学的孩子。他从未放弃过看自己喜欢的节目《快乐大本营》，因为这个节目一直伴随着他成长，也让他成为一个时尚的孩子，而不是一个学习的机器，用同学的话来说，他很八卦。我觉得让儿子看这样的节目，他的心情会很好。每个人，无论在什么时候都是需要一些宣泄渠道的，我从来都觉得，适当地看点电视对儿子是有好处的。儿子也从未停止过看电影，也从未停止过玩游戏，当然仅限于在看电视的

157

时候玩足球游戏。儿子也从未停止使用微博，他涉猎广泛，喜欢浏览各种信息，这也是我所期待的，我不想让儿子只是埋头学习。但他上高三后所做的决定是：取消了很多关注，只留下了自己钟爱的足球。

有如此懂事的儿子，我很开心，感到很幸福。

3. 这一年，我要记得（二）

2016年10月11日。

在这一年里，我们什么时候能安心？那就是数学竞赛结束和运动会结束之时。

9月——注定是不寻常的9月，这个月学习的时间很短，要经历很多的事情。数竞、一模、运动会，这三件事都堆在了一起。但这也是好事，儿子是一个心里有事就放不下的孩子。数学竞赛终于考完了，结果并不重要，重要的是这件事过去了，他的心里清静了许多。

在运动会上，儿子特别地开心，因为他终于能和学校的老师踢一场足球赛，这是他一直以来练习足球的一个梦想。这场足球，他自己觉得有点像告别赛，他觉得自己在高三年级，再没有更多的理由踢足球了。为了这场足球，他们每周六还出去训练，其实无非是为自己找到了一个心安的理由。但我觉得，儿子踢足球是好事，能玩的孩子才会生活，这是我的真实想法。如果有一天，我们有钱了，也有时间了，可我们什么都不会玩，那岂不是更可悲吗？我喜欢会玩的孩子，这才是一种生活。

所以，我一直支持儿子玩，只要是他说出去玩，我就是支持。儿子有一天告诉我，"妈妈，我特别开心，我们班的同学没有一个人能像我这样，想什么时候玩就什么时候玩，想几点就几点，他们有的有课，有的家长不让，其实我真的挺开心的。"

这就是我希望儿子过的日子，这就是我想要的生活。正因为我的宽容，我的体贴，我的理解，换回来的是儿子的懂事。他踢足球从来都是有节制的，从来都不会无休止地放纵自己，他会告诉你他的行程，他的想法，他会第一时间与你沟通。人与人之间，即便是孩子与父母之间，不也应该是这样吗？

儿子这段时间还是不错的。一模状态还不错。总分649分，班级15名，年级27名，市里36名，各科成绩为：124，137，136.5，84，92，75.5。这些成绩应该还可以吧，不过，我知道儿子的提升空间很大，现在还没有到他的时代，他的时代应该是在一轮复习之后，因为他是个很有后劲的孩子。

一切都过去了，终于要到儿子平静下来学习的时候了。这将近三个月的时间，是学习的黄金时期。

祝福儿子，加油宝贝！

4. 宝贝高三战记（1）

2016年10月11日。

感动篇1：

儿子很少表达很直白的看法。那几天，我的身体真的很不舒服，腰疼似乎成了每年这个季节不可逃避的事了。

这段时间不知道什么原因，儿子的后背一直在疼。我觉得是学习的时间太长，一个姿势保持不动，还有就是睡觉太沉，不怎么翻身，这样很容易出现腰背酸疼的状况。

晚上，接儿子回家，我逗儿子："爸爸说，妈妈的腰疼转移了，转到了你身上。"儿子认认真真地说："如果能转移就好了，那样你就不疼了，我多疼一会儿也没关系，让我替你疼。""谢谢儿子，妈妈也想替你疼啊！"

说实话，听着儿子的这句话，我特别的感动。儿子的表情告诉我，这个妈他是疼定了，他能替妈妈疼也无所谓。现在的孩子，怎么可能这样想？我真的觉得没白疼儿子。我知道，付出一定会有回报，自己做的事一定会在儿子身上有所体现。

教育就是一种潜移默化的影响，这可能与我们这样的家庭有关吧？我着实感动于儿子的懂事。

感动篇2：

进入高三以后，儿子的入睡时间就延后了，他自己常态地顺延。其实我很不想这样，但儿子坚持这样做，我也没办法。每天晚上，10：30左右，儿子就会到我屋里，认认真真地说："你们两个洗漱吧，洗漱完就睡觉，我自己再学一会儿，学完后，就关灯睡觉了。你们不用管的。"

"你们的年龄是熬不过我的，我年轻，晚睡没关系的，你们不能总熬夜。"

"不用爸爸妈妈陪你吗？"

"真的不用，你们陪我，我的心理压力很大，想到你们在这里也没睡，我学习也感觉不舒服，总想快点学完，好让你们早点睡觉，你们先睡，我多学一会儿，也不着急。"

有这样体贴的儿子，我真的很满足。

5. 宝贝高三战记（2）

2016年10月11日。

159

段子篇：
儿子睡觉的姿势很是奇特，他每次都会让身子扭曲很大。为了校正睡姿，他变成了搂着两个硕大的沙发垫子睡觉。早上，我去叫儿子起床，忽然发现儿子的姿势很好玩。

"起床啦，帅哥。你怎么还左拥右抱的？"儿子睁开惺忪的睡眼，看了看我说："我后宫那三千佳丽呢？""你行啊！臭小子，还有三千佳丽呢？"

儿子笑了，从床上爬了起来。

生活篇1：
"儿子，你的臭袜子是不是得自己学着洗啦？"
"不用，妈妈，你每个月给我带30双不就完了，穿完邮回来，或者可以买300多双，然后就一年一邮啦？"
"你好过分啊！""妈妈，我怎么可能么过分？我自己生活就好啦！你看看每次出去，我生活得还是不错的。"

是啊，玩笑归玩笑，他还是个会生活的孩子。

生活篇2：
儿子的班主任老师说过：高三，你们的体重一定会变的。
"晨宇，你的体重也没什么变化啊？"
儿子是个有梦想的孩子。"妈妈，我要坚持减肥了。我上大学的时候，不能让人觉得我是个胖子，给人留下的印象太不好了。"

于是，儿子实施了自己的减肥计划。每天每顿都少吃，而且是在食堂吃。他的坚持还是有效的，虽然他没有时间锻炼，但他以每周两三斤的速度在掉肉。

儿子的坚持一定会有效果的，他是个认准了就可以坚持到底的孩子。

娱乐篇：
一定时期的电影是必看的。儿子小的时候就养成了这样的习惯。看电影的时候，一定是我坐在中间，两个男人坐在两边，因为儿子想和我交流，宏伟看不懂也可以问问我。宏伟脸盲，所以看电影会出现偏差。

2016年10月2日，"十一"期间，一部《湄公河行动》，让儿子的爱国热情油然而生。一个国家，一个民族，怎么立足于世界？这是一部很有正义感，很有精神内涵的电影，看起来确实让人震撼。

儿子看完电影总会有自己的想法，每部电影，他都会有自己的认知，这正是我想看到的。我们可以有一定的讨论，这样就可以让他的认知有所提升。

生活本来就应该丰富多彩，我想儿子的高三也应该是这样的。加油，宝贝！

6. 写给奋战在高考战线上的儿子

2016年11月22日。

上个星期六，距离高考200天，我一点时间也没有，没有写出自己想和儿子说的话。当天，儿子的学校举行誓师大会，高考在即，战斗已经打响，紧张、压力也随之而来。

下午的家长会，这么多年来我第一次没去参加，我的内心也矛盾过，但我还是没去。每次考试，儿子都会分析自己的原因，会与老师交流，会针对性地去解决自己存在的问题。我知道，我去找老师聊，也解决不了实质的问题。我居然能踏踏实实地在家里，这是我自己都难以接受的，但我的确是这样做了。

儿子，距离高考还有200天，妈妈的心里真的是五味杂陈：担心，着急，开心，兴奋。

妈妈担心时间不够用，你的学习还没有到位；着急效率不够高，你的成绩会留有遗憾；开心灯不用亮到后半夜，你可以睡个安稳觉；兴奋你可以放松自己，我们可以一起玩耍了。

儿子，妈妈不希望让你有任何的压力，妈妈只想让你开心，幸福！

妈妈知道，你的压力很大，但你知道自己的方向在哪里。自己的事情你会放在心里，你不想让妈妈替你担心。

儿子，妈妈看到你那么懂事真的很心疼，你告诉妈妈，你再心疼我就不懂事，我就气你了，看着你坏坏的笑，你知道妈妈有多开心吗？但妈妈的心里更多的是疼啊！

你从小就不是那样能熬夜的孩子，上了高三，你知道自己要学习，每天晚上都会去我屋，告诉我们先休息。你说，你年轻，你能熬夜，你觉得我们的年纪是不能这样熬夜的。你懂得心疼爸爸妈妈，我们挺不住的时候，真的就睡觉了，我不知道，你学到了几点，但我知道，你一定是在0：00之后。妈妈心疼你，妈妈想陪着你，其实多数时候，妈妈一直在陪着你，妈妈不想让你自己孤独地奋斗！爸爸妈妈一直在你的身边。

因为晚上睡得少，每天早上，你都会在车上，倚着座椅，很不舒服地睡着，张着小嘴，发出轻微的鼾声，你知道吗？妈妈又心疼又幸福。妈妈知道，你这样在妈妈面前的日子一天天地在减少，你的翅膀马上就要硬了。妈妈很享受每天能接送你上下学。

因为怕妈妈开快车，你会努力改变自己磨蹭的习惯，尽量让自己能提前一些，我知道，你是个很有数的孩子。

你每天和妈妈喋喋不休地讲着那些开心的事情，妈妈听着也特别开心。你都快18岁了，还能跟在妈妈身后不停地说，你知道吗？对于妈妈而言，这是一种多么大的幸福，是多少人渴望却得不到的啊！

200天，对于很多人来说，是压力最大的200天。但我想说，儿子，冲刺阶段一定会很累，但这段时间是最值得拼搏、最值得珍惜和最值得回忆的一段记忆。

每个人的人生，总会有关键时期。在这个时期，你需要放下自己的包袱，因为你的优势在课堂，一轮复习结束，就是你的天下！中考前，我们就是这样走过来的，你的骨子里有妈妈不服输的心态，在我的人生字典里没有输这个字，只有不留下遗憾。你的拼搏、你的奋斗、你的努力，妈妈是看在眼里的，妈妈也希望你的人生不留遗憾！

你付出了很多，你懂得取舍：你一上高三就卸载了QQ，连你心爱的足球也不怎么踢了，连你喜爱的体育课也不太上了。妈妈知道，你默默地做了很多。你总觉得妈妈观察你不够细致，其实，你的每一个细节都在妈妈的心里。你是妈妈的儿子，妈妈了解你，就像了解自己一样。妈妈知道你的想法，但妈妈不想干涉你，不想看到你生活得不开心，不想让你有束缚，妈妈就想让你最充分地享受家的温馨。

儿子，高考在即，不管怎样，妈妈不希望你带着压力去生活，你在爸爸妈妈心目中是最厉害，最棒的儿子！你是我们的骄傲！

加油，妈妈的大宝贝，战斗的你身后永远有一个坚强的后盾，就是爸爸和妈妈，放心去拼搏吧！我们会给你所有的支持！加油！

> 热帖分享（二十六）
>
> 每一段拼搏的日子都应该有父母的陪伴与倾情的付出。

7. 在距离高考190天

2016年11月29日。

亲爱的儿子，你辛苦啦！

现在的十天，用"一眨眼"这个词似乎都没办法形容它的快。今天，距离高考190天了，也是距离我们解放的190天。黎明前可能会有些黑暗，但我看到了你眼中的光明。你在尝试着改变。妈妈知道，你已经习惯了现在的生活，但你还是努力让自己少留遗憾，这一点，妈妈是看在眼里的。

即使面对高考，你的一些习惯还没有改变，这是妈妈很欣慰的。你没有焦躁，没有不安，更多的是淡定和从容。妈妈从你的神情中，看到的是男孩子眼中应有的光彩。即便面临高考，你也在看《快乐大本营》，也在玩着周末的游戏，也在周末看自己喜欢的足球节目。说实话，妈妈发自内心地高兴，因为你的平静，你的有条不紊，能让你更高效，而你一旦处于很乱的状态，你可能就会自乱阵脚，到了那时，一切都没有时间调整。

妈妈在你身上看到了属于大男孩的成熟与稳重，你有自己的优势，你是个慢热型的孩子。每个人都有自己的战场，你的战场在高考，在你三年的积淀。你还和妈妈开玩笑说：这回生物可得过90分了，要不真的没机会了，因为马上就要综合了。你对生物有个小小的情结，你的成绩总是80多分，始终没突破过90分，这也是你的心结。你的玩笑开得轻轻松松，但妈妈知道你心里是怎么想的。

妈妈喜欢和你一起奋斗的日子，看着你的努力，妈妈开心的同时，更心疼！

人生做事，只求无愧于心，少留点遗憾，我们一起加油吧！

妈妈的大宝贝，加油！

8. 儿子长大了

2016年12月6日。

周末儿子去省图学习，我们在路上总会聊聊。

"妈妈，有时候感觉爸爸的心态可老了。"

"为什么有这种感觉？"

"他不太接受新鲜事物，人老不老不取决于年龄，取决于你是不是一直在学习，一直和社会同步。你看你，心态就不老，人就不显老。"看着儿子，我知道他长大了，有自己思想了。

"邓紫棋新唱的歌可火了，其中Rap部分真正反映了'90后'的特点。"邓紫棋是儿子的偶像。"她说什么啦？"

"她骂了那些干扰人生活的狗仔队，她说出了'90后'的真实想法，不用躲躲藏藏，要率性生活。其实，'90后'应该很有思想，很有担当的，未来社会的主流是我们，这么好的时代，会有很多个马云一样的人物出现，中国社会的发展给了我们太多的机会。"

"那是因为你想做这些，所以你会想到这个高度，大多数人还是生活在金字塔的底部。"

"是呀，不过'00后'就可怕了，他们从小就玩手机，他们不像我们，经历了从无到有的过程，我们知道电子产品变化之快。可他们没有经历这个过程，所以很难引起自己的思考。"

看着儿子长不大的面庞，听着儿子侃侃而谈，我忽然发现，在我不经意间儿子真的长大了！

早上起床后，儿子贴我一下的习惯，我知道不久就得改了。今早我说，"儿子，再有 200 天，妈妈就贴不着啦！"儿子没说话。我知道：我们都很珍惜，都舍不得，但都知道轻重。

加油吧，宝贝！妈妈永远支持你，爱你！

9. 写在儿子距离高考 150 天

2017 年 1 月 9 日。

每一名高三的家长都是焦躁的，这是正常的。说实话，我的内心也无法完全平静。但儿子每每的表现，会让你觉得，其实生活中确实不仅只有学习，我们还应该有另一种生活。

高三的气氛是很难控制的，完全不在自己的掌控范围之内，这种感觉是很可怕的。好在儿子的状态特别平静，他存在的问题都会第一时间提出来，随时进行解决。每个人都不焦虑，家里的氛围就会很好。所以，在我们这个高三的家庭里，每天都充满欢声笑语，但也不会缺少一些争论。

昨晚关于生物《选修一》和《选修三》的问题，我们进行了一番争论。《选修一》以背为主，这不是儿子特别擅长的，《选修三》以理解为主，所以儿子选了《选修三》，结果现在《选修一》又删去了一章，内容就少了许多，于是就出现了昨晚的对话。说实话，很多家长说管不了孩子，我作为一名高三的老师，忽然觉得自己什么都不懂，怎么管？所以最好的办法就是让孩子自己拿主意了。看来民主是有好处的。

跟在你身后和你说着自己的感受和见闻，这是儿子最爱做的一件事。你不听是不行的，这是一种幸福。本来昨天想去看邓紫棋的纪录片《一路逆风》，其实很励志，我们是可以去看的。结果中午接儿子去看牙的路上，儿子就说，不用了。因为他在微博上看了篇文章，觉得自己与别人的差距有点大，自己应该拼一下了，说白了就是需要努力了。"不就 150 多天吗？我也应该努力了。"儿子的样子让我觉得世界上真的没有难事，难的是你想不想去做。在他的眼中，我可以看到满满的自信。

儿子有自己的小想法，这让我特别欣慰。这个年龄的孩子如果不是发自内心地想去做点什么，没有人能左右得了他。我们的教育只是辅助，很难能让他们从心底改变什么。但这次，我感觉儿子是真的有点小想法了，是不是也可以定个小目标呢？

每天看着晚睡的儿子，我真的很心疼。作为一名教育工作者，我不希望这样，可高考在即，不这样又怕有闪失！可能人生总会面临这样的矛盾抉择吧？

为了让儿子每天早上能睡个好觉，我俩都会一路保持安静。在那份安静里，听着儿子轻微的鼾声，看着儿子歪着头，张个小嘴，我真想让时间停留，让儿子多睡会儿，但路上的时间总是那么短，只有20分钟左右。儿子的累，儿子的辛苦我是看在眼里，疼在心里。

在距离高考150天的家里，我们给孩子的是温馨、是关怀、是理解、是支持，我觉得这样做应该足够了！加油，宝贝，妈妈相信你，妈妈永远支持你！

10. 故事里的事儿

2017年1月25日。

儿子又一次被买菜打败了。我让儿子去10元钱的买鸡蛋。回来的时候，儿子又是满脸的无奈。"怎么买什么东西都会有点说道呢？"

"怎么啦？""卖鸡蛋的人居然会问我，买红皮的还是白皮的？有什么区别呢？白皮的比红皮的有营养。那就白皮的吧。""可后来我发现，白皮的一斤4块多钱，红皮的2块多钱。你说是不是买贵了？这两种鸡蛋有区别吗？""说实话，我也不知道，但咱们家以前吃的是红皮的，可能白皮的是笨鸡蛋吧？不过我也不是很清楚。"

儿子每次去买东西都会出点问题。

"我以后得多去买点东西了，要不什么都不会，什么都不懂。"

原来，生活可以让孩子懂得很多，但他们现在的生活却欠缺了很多。

11. 儿子的变化让我无从下手

2017年1月25日。

儿子对于高大上的生活的向往远远超过了他目前的学习状态。他觉得好多人过的是很上档次的日子。特别是在吃饭这件事上，他探讨了好多想法。我不知道，他的变化是从何而来，这是不是就是传说中的攀比呢？

"咱们家吃的饭永远都是炖的，就不像人家吃的，要不是牛排，要不就是很有品位。"

"咱们家不是以香为主吗？自然就会吃些大众口味的菜，多吃些普通的饭菜，你的嘴那么挑剔，一般的菜也入不了你的口啊？"

"可别人看了，还是觉得咱们吃的东西是不可思议的。"

儿子还羡慕别人家的房子，他觉得那样的空间，那样的布局很不错，这一点表现得特别明显。

昨天，儿子在省图玩游戏，我抓了个现形。他告诉我，大家都在玩，为了说明问题，他告诉我，他的号都是王同学的，可事实上，王同学的学习是一流的。我觉得这个孩子心机不够，人家会让你看到玩游戏的时间，但人家一直在背地里学习。这是很多孩子的常态。儿子是个没有太多心眼儿的孩子，但他们都是强有力的对手啊，一不小心，就会被挤出高端人群外。这是需要拼实力、拼脑力、拼一切的时代。单纯会不会吃亏？正直能不能走得通？我说不明白，但至少我想让儿子明白。

他把手机交给了我。他说本来也打算过完年手机就上交了。手机真的不是好东西，太影响学习了，太分散注意力了。但不给孩子用一定是不行的。这是需要很强的自制力的。

当我发现的时候，儿子一再说着自己错了，一再说别让我生气。儿子很在意我和他爸爸的感受，但他做事的时候还是欠了点自制力。这可能和大家的期望有关吧？我不知道，他现在的变化会不会影响到他的未来，我也不知道这是好的影响还是坏的影响。但我知道，无论怎样，他都应该有个新的思考。

儿子每次掉眼泪我都心疼得不得了。但我觉得事情总要面对，他有这种心态已经不是一次两次了，适当的谈话还是应该有的吧？我也有点茫然了。

热帖分享（二十七）

无论是在与旁人相处、与亲人相处，还是社会阅历上，我们应该让孩子更多地懂得珍惜。

12. 写在儿子距离高考 100 天

2017 年 2 月 27 日。

亲爱的儿子，妈妈好爱你。妈妈好不愿意看到高考的时间就剩下 100 天了，因为这样就意味着你在妈妈身边耍赖的日子就剩下 100 天了。我不能拒绝你的长大，因为我们有承诺，高考完，你就变成了大人，你就完全是独立的自己！但我真不想让你这么快长大！

每天妈妈都好享受：你弯下腰来，妈妈亲你一口，还能感受到你身上淡淡的香味，仿佛是小时候的奶香。那天妈妈说，毕业了还能亲吗？你说，那就得看媳妇让不让啦！我知道，你长大了。

我每天都好享受，你跟在妈妈身后，絮絮叨叨地讲着那些有的没的，那些有意思的故事，你会开心得不得了。那天和妈妈讲怎么吃生煎的时候，你告诉妈妈，先把辣椒放上一点，然后咬个口，吸汁，再咬着吃，好香。我感觉你的口水都要流出来了。你做了个鬼脸，告诉妈妈：我说着都感觉到香了。你总是这样的调皮，但这种调皮以后还会有吗？妈妈知道，你成熟了好多。

开车的时候，妈妈是个急性子的人，你告诉妈妈，犯不着和这些不懂开车的人生气。是啊，总会碰到一些不守规矩的人，可我没想到，是你在开解我。妈妈放心了，你都懂得劝妈妈了，以后，你处事一定会很冷静的。

和你一起在省图的日子，是妈妈最开心、最快乐的日子，因为妈妈也喜欢静下来看看书，写点东西。你经常调侃说，我去给你送水、送吃的，好像是在监视你，其实妈妈对你一直都是百分之百的信任。即便有些时候，你开点小差，妈妈也只是劝劝你，因为你是我的儿子，我了解你。

每次做完理综你都会上楼与妈妈分享，妈妈知道，你开心的时候一定会想到妈妈，开心的事情一定会和妈妈说，难过的时候同样如此。这才是母子，妈妈很享受这样的日子。

你告诉妈妈，你知道高考是什么，你心里有数的，你算过自己的成绩从何而来，你知道未来的方向是什么。那一刻我知道，我还是把你当成了孩子，其实我应该相信你对自己人生的规划。

高考倒计时 100 天的时候，你告诉妈妈，你高考的成绩取决于理综，关于理综能考 270、280 还是 290 的问题。我想说，儿子，不用有任何的压力，你现在的实力足以让你在未来生活中占绝对的优势，你的综合素质可以让你立于不败之地，大学只是个平台，我们努力，我们无憾！

你说，你要提高理综。那就加油！妈妈永远支持你，无论发生什么，不要忘记我这个亦母亦友的人，还有你那个总爱忘事，但在你的学习上从不糊涂的老爸。我们都会一如既往地爱你，支持你！我们应该是天下最不愿意表达，最不会表达，但是最真心爱你的父母。你一直以有这样的父母为荣，爸爸妈妈也以你为荣。放下一切，按自己的规划，去拼高考最后的 100 天吧！

加油，大宝贝！你一定行的！

13. 写在儿子距离高考 90 天

2017 年 3 月 9 日。

亲爱的儿子，妈妈好心疼你。今天你肚子不舒服还一直坚持在学校学习，在你上学的这么多年，你是很少请假的学生。在妈妈的记忆里，你请假的次数是有限的，妈妈知道，优秀的你一直不想让自己过得很随性。

刚刚在班里上课，一群不懂事的孩子，让我看到了儿子的懂事。我知道，儿子一直都这样，可同样的18岁，对于我的学生，他们怎么会有那么多的不懂事？当高考即将来临的时候，我还走在教育学生路上，这条路好远……

作为一名高三的老师，同时又是一位高三学生的家长。我以前没有亲历，真的没有感觉，现在真切感觉到了高三家长的心态：不安，期待，谨慎……太多的词语都很难形容此时的心情。

好在儿子的状态还是不错的。前天早上，他在车上吃包子，味道很大。我说：好大的味儿啊！他说："香吗？""香啊！""那你就把窗户开开吧！"说完我们两个大笑，"你好过分啊，居然想到的是放味，而不是给我吃一口，太过分了！"儿子哈哈大笑："你不是不爱吃肉馅的吗？""那你也太过分了，是不是将来都不让妈妈闻味了？"类似这样的玩笑我们开得太多了。"妈妈，我将来给你买身清扫工的衣服吧。""啊？为啥？""粥铺特别人性化，清扫工喝粥免费。这是授之以鱼，不如授之以渔啊！"儿子乐得已经不行了。我终于知道，你的语文为什么好了，因为得了妈妈的真传。这就是我们母子的日常生活。

有时候，我告诉儿子，将来要学会自己生活！儿子马上会说："那哪行啊，谁给我看孩子啊！"我说，"那我要是脾气不好呢？""那我就告诉媳妇，我妈脾气不好，岁数也大了，你让着点儿。"他连词都编好了。生活中总会有这么开心的事。

这段时间的考试，儿子考出些自信了，3月6、7日的二模，他没有太紧张。他是个很稳定的孩子，只要压力不是太大，他不会出现太大的闪失。儿子一直是这样的孩子，尽管我们不想给他压力，但高三难免自己会紧张一些。

二模的成绩还没有出来。不过，不管怎样，儿子的心情还是不错的，只是有些时候，肉长得快了些，身体素质没有以前那么好了，也是这段时间累的。

加油吧，儿子。妈妈爸爸一直在你身边，你不是一个人在前行，是我们全家人在努力！无论结果怎样，我们都一起走过，我们一起去迎接我们的辉煌！

爸爸妈妈永远爱你！支持你！

14. 写给18岁的儿子，46岁的自己

2017年5月6日。

亲爱的大宝贝，在这里妈妈先说一句一直在说，这辈子也会坚持说的一句话：爸爸妈妈永远爱你，永远是你最坚强的后盾，无论遇到什么，你永远是我们的大宝

贝！

亲爱的大宝贝，妈妈要祝福你，祝贺你走向了成人，祝贺你开始人生的另一个阶段！

亲爱的大宝贝，知道为什么妈妈要为你送上一双红红的鞋子作为生日礼物吗？因为妈妈希望你走上人生新征程的时候，红红火火！

妈妈任性地一直这样叫着你，因为你是父母的无价之宝。46岁已入不惑之年的自己，享受着为人父母的一切你的方方面面不用我们操心，你所有的一切，我和爸爸都看在眼里。我们开心，因为每天都享受着你带给我们的这份幸福。我们两个的幸福也很简单，因为有你！

18年前的今天，你呱呱坠地，我们母子之间就结下了这一生的缘分。

同样是母子，我们却是那样的与众不同，我们玩在一起，我们聊在一起，我们的心在一起，我们的爱也是连着的，我们是那样地和谐，没有那么多的争吵和不开心。在我的记忆里，你永远都是妈妈身边的小话唠，小跟班，你永远都是妈妈的开心果。

每晚听着你的问候：地上的朋友，晚上好吗？妈妈知道，妈妈在你心里。

妈妈出门的时候，你会小心地开门等着妈妈。儿子，知道爱是什么吗？爱没有那么轰轰烈烈，她就在那一声问候或一个动作之中。

你的舌头溃疡了，你耍赖地躺在妈妈的大腿上让妈妈帮你贴药。那一刻，我又回到了你小的时候，看着怀中的你，妈妈开心，妈妈幸福得想落泪。

妈妈好享受这样的时光，我知道，我们两人的每一个细节都是妈妈幸福的理由！

有子如此，妈妈知足了。

有人说：你摊了一个好孩子。但妈妈想说：是我们母子的福分，让我们两个人一生心手相牵！是你的懂事和努力，才让我有了你这个好孩子。

妈妈知道你的付出，你一直想让爸爸妈妈开心，想让我们省心，不想让我们担心，这些我们都知道。

爱是相互的。我们也是这样，我们充分地尊重你，不想让你压力太大，不想看到你不开心。我们只想让你幸福，让你开心，让你过自己想过的生活，让你做自己喜欢做的事。

儿子，路在你的脚下，你为自己铺了一条很好的路。

现在的你，懂事、明理、成熟，有自己的人生规划。尽管你自己还不满意自己的状态，但我想说，你已经做了太多了，你太让妈妈省心了，太懂事了。你请假妈妈从不问理由，你花钱妈妈从来没有问过去处，妈妈对你的放心，你心里都知道。

18年，学习是你自己的事，你几乎没多花爸爸妈妈一分钱；

18年，上学是你自己的事，你几乎没犯过什么错误，甚至有时候妈妈都说，可以尝试错一下；

18年，人生是你自己的事，你不但会规划自己的发展，还会告诉妈妈：一个女人过了40岁更容易创业成功，一个人想锻炼一定要有专业的指导，一定要坚持正确的方法；

18年，你走的每一步都有那么多的老师和同学喜欢你。

这18年，你走得很辉煌，妈妈知道，从今天起，你还会迎来人生的每一个辉煌！

你心里有数，你知道你的梦想在哪里，你知道自己的问题在哪里，让爸爸妈妈不用操任何的心。

今天是你的成人礼，以前爸爸妈妈放手的程度还是不够。从今天开始，我们就将你的人生全都放手给你，因为你真正成人了，长大了。

放手一搏，搏你自己的人生，这应该是你送给自己最好的成人礼。你开心的那一刻就是爸爸妈妈最幸福之时。

你告诉妈妈，当你过生日的时候，距离高考整整一个月。对于你这样的孩子，这一个月，会让你的人生上一个新的台阶。因为厚积才会薄发，12年的厚厚积淀，你认认真真努力了12年，没有理由不发生质变，没有理由不喷薄而发。

你知道你的问题和弱点之所在，你针对性地解决着自己的问题，我在你的脸上看到的永远都是那份必胜的信念。

路在你的脚下，无论你怎么走，我们都会支持你，无论到什么程度，我们都会祝福你！

开心过好人生的每一天，这就是我们全家人的幸福，全家人的祝福，也是全家人所希望的！

我有好多好多永远说不完的话，就像你总有和妈妈说不完的话一样。

生日快乐！宝贝。

妈妈爸爸永远爱你。

永远爱你的爸爸妈妈
2017年5月6日于地板上

热帖分享（二十八）

十八岁的成人礼是孩子人生的转折点，父母的重视会让孩子发生很大的转变。

15. 迎接高考

2017年6月。

高考前，吉大附中的老师做了很多功课。其中有一个很大的龙门，上边是"跃龙门"三个字，这就是中国思想与文化最真实的体现，是中国人骨子里的东西，老百姓最相信的东西。

老师们拥抱孩子，给孩子们力量，还在孩子们的手上扎上幸运的小红绳，上边还有一些吉祥的小挂件。孩子们很开心，我知道这种心理上的力量作用是很大的。

儿子受心理暗示的影响特别多，所以在高考前我不想让孩子的心里有任何的不舒服。

高考前，我特意去耐克店给儿子买红鞋，因为耐克的标识正是带着对号，还买了红T恤和灰T恤，本来还想再买件黄的，但黄色实在是没有特别可心的，所以就没买。因为中考的时候，儿子就是按照灰黄穿的，中考成绩还是很辉煌的。我知道无论从哪个角度，我都要给儿子最大的支持，特别是我能带来的精神上的支持。

距离高考还有十多天的时候，我就打听出儿子的考场地点，给儿子订了酒店，告诉儿子，一切都会稳稳当当的，不会有问题。只是儿子在二实验考试，心里有一点点的不如意。儿子特别不喜欢他们的厕所，二模的时候考场就在他们学校，儿子感觉特别紧张，紧张到提前去厕所。他们是室外厕所，而且没有门，这是儿子不太能接受的。所以每天早上儿子都会纠结上厕所的问题，特别是人再紧张一点儿的情况下，就更容易上厕所了。

显然是"万事俱备，只欠东风"了。但有一点我们还是没有料到，他们班的主体在师大明珠校区，二实验这个考场的学生很少，所以他们班的老师主要都在师大，只有几个老师，还是孩子不太熟悉的。儿子有一点落寞，仿佛有一种被人抛弃的感觉。但我们两个和儿子一番调侃，很快让儿子进入了状态，儿子也就正常参加考试了。

6月8日，是一个特别值得纪念的日子。我很感激上苍。

我在这里还是要说，即便把握不大，但只要有一点儿希望，就不能放弃。我们没有放弃，但我们犯了一个很大的错误，就是没有及时关注后续。

这事还是要从头说起。

清华大学在四月份左右曾经在学校组织过一次机上考试，儿子去了。但那次考试最后没出任何的结果。学校在陆续公布一些信息，除了竞赛的孩子降到了一本，还有一些学生降了30分，还有一些校荐的同学去考领军计划。虽然我们总觉得没戏了，但我们还是自荐报名了。因为儿子除了学习之外，还有好多优秀的方面：钢琴十级，英语特别出色，唱歌好，足球不错，还参与过好多公益活动。我总觉得，这样的孩子应该有机会,当时我们就报名了。但后来我们觉得可能没戏,就没看成绩,这次没有关注,差一点铸成终生大错。

我们进入考场前,是一身轻松地裸考,也是孤注一掷。虽说没有负担,但压力是最大的,因为没有退路,没有救兵,只能自己硬拼。语文还好,他清楚自己的状况,但语文是没有人可以估出成绩的。数学答得也还好,由于有一点儿小问题,满分是不可能了。

当考完理综出来的时候,儿子告诉我,不要抱太大的希望了,感觉不顺手。这个希望是什么?他告诉我的是,清北应该没戏了,只因为我们是裸考。那一刻,我真的内心很酸,很是愧疚,是不是因为自己的无能,让儿子经历这样的过程?尽管我希望儿子通过经历一些事情去成长,但如果真的是这样的结局,尽管我表面上可以接受,但我们还是心有不甘。但事实已经这样了,我不能让孩子感觉到我的任何变化,因为我相信,母子是连心的,他能感觉到我的波动。

当儿子考完英语出来时,我没有任何担心,他的英语什么水平我很清楚。我只知道,当儿子跨出考场的那一刻,儿子就完成了他12年的学业,迎来的将是他人生中另一个重要阶段。过去的就让他们过去吧,反正我们也努力了,我们也付出了,我们两个欢呼雀跃,终于结束了。

可正当我和儿子欢呼时,班主任来了电话,告诉我们一个惊人的消息:我们没打印清华领军计划的准考证!儿子通过了自荐!我开始都没太相信,突然发生的事情,让我们娘俩欣喜若狂。我们上车,想和老公分享这份喜悦。这时候,清华的招生办给老公打来了电话,他们也发现了这个问题,但当时老公还以为是骗子。

没想到,刚刚庆祝的解放没有了,我们的高考在继续,而这一继续就到了6月22日,甚至到了6月27日。因为从笔试到面试,到等成绩,加上中间的培训,让我们足足一直跟到了报完志愿,而彻底解放则是通知书到手的那一刻。圆梦于此!

高考680分,清华领军计划加了10分,儿子上了清华,终于圆了自己的梦!

这个过程,现在自己写起来,都觉得心跳在加速。回首那一段日子,真的感觉生活中总有惊险,也时常有一些意外。

但我还是坚信,实力很重要,善良与德行也很重要,这个社会很公平。一直以来,所有的理由都让儿子的大学指向了清华。一切的一切都是向着好的方向发展,这可能就是好事多磨,也可能就是一份福报吧?

热帖分享(二十九)

厚积薄发可以让一个人的人生走向辉煌,那是12年,或者说是18年的人生积淀,每个人都可以做到。

第 4 章

父亲给孩子的幸福力

（一）来自父亲的幸福力

1. 换位

有人说，家长也是学生，也需要不断地学习，家庭教育就是家长学习的平台。作为家长，我们经历的童年和少年，与这一代人的童年和少年是有很大区别的。我们会下意识地用我们的童年和少年去对比孩子的童年与少年，用我们对未来的期望去要求孩子。这对于孩子来说，是一种痛苦，自然也是一种成长。

在教育学中，孔子提出过一个重要的理论，叫"教学相长"。也就是说教师和学生在教与学的过程中，是相互提高的。其实在家庭教育当中，家长与孩子也是共同成长的。"引领"既包括家长也包括孩子，而且孩子对父母的引领对于家庭教育的效果是最明显的。

进入高中阶段，孩子的独立性开始逐渐显现，他开始以一个成人的视角去看待事物，不再单纯依据父母的观点和看法来决定自己的生活和学习。这一方面体现了孩子的成长，另一方面也会造成父母的困扰，我们会发现孩子不听话了，有自己的主意了，甚至一意孤行，不撞南墙不回头。

如何让孩子能够理性地看待事物呢？我想首先我们应该以一个平等的地位和孩子交流。我们经常会发现，他特别听同学的话，就是不愿意听父母和老师的话。这说明同学之间是相互影响的，而父母却总是只希望影响孩子，不让孩子影响我们。这是孩子不听话的一个重要原因。

平时，我们应该多走进孩子的生活，了解孩子的喜好、参与他的游戏、平等地参与他的生活，比如和他一起追星，不要对他迷恋的明星嗤之以鼻，和他一起玩"三国杀""天黑请闭眼"，不要笑他幼稚，和他一起看《快乐大本营》《天天向上》等，和他讨论足球、明星，虽然也会有观点不一致的争论，却会使父子关系更加紧密。

每个人都有个人擅长和喜爱的项目，但同时却又是可以相互影响的。通过平等的交往，你可以把你的理想、愿望、擅长和遗憾传达给孩子，把自己的期望和孩子的优长呈现给孩子，慢慢地，孩子会接受你的观点，而你也会变得越来越年轻，越来越时尚。

2. 理解

作为家长，我们必须承认，我们成长的时代和现今的生活相距千里，我们童年曾经玩的游戏现在快绝迹了，我们童年的电影现在的孩子都没看过，现在流行的游戏我们都不会玩、不敢玩，游戏机、手游、KTV、游乐场、刺激的CS、蹦极等等。这种巨大的差异必然会带来人生观、世界观、价值观的不同。我们会不明白孩子的世界，孩子也不能理解我们的童年。

这是一个真实的场景。上课的时候，我问大米是哪里来的？学生回答我是米袋里来的。他们不知道水稻磨去皮会变成大米。其实不能怪孩子，孩子确实不知道大米从哪里来，也没见过水稻、没见过插秧、没见过米面加工点，他眼中的世界就是学校、城市交通、电视和游戏。在这样的生活环境下，学生怎么可能理解我们小时候的生活？理解我们的艰苦奋斗？理解我们生活的艰辛和困苦呢？反过来，我们也不了解孩子的世界，我们又怎么能理解他们在学校上十几个小时的课到底是快乐的还是痛苦的？老师费尽心血给他们留的作业对他们意味着什么？怎么理解为什么好玩又好听的钢琴怎么就让孩子深恶痛绝呢？试想一想，如果让我们去学校里坐上十几个小时，再听一听我们可能听不懂的英语、化学、物理、数学，如果让我们放弃电视坐在琴凳上把一首曲子弹上几十遍，你会有怎样的体会？如果让孩子去做一天服务员，不论顾客态度如何恶劣、多么不讲理，都要笑脸相迎，他又会有怎样的体会？

通过换位思考，我们都会对彼此的生活有更深的理解，特别是我们对孩子生活的了解，就会让我们以一种更理性的心态去对待孩子的成绩、孩子的行为以及孩子的错误。

在高中阶段，孩子与异性同学交往过密，一方面是孩子成长中情感的需要，另一方面也是他在家庭中缺乏爱的情感。所以他需要从同龄异性中寻找这种情感。孩子每天回来抱怨老师留的作业太多，为什么？可能因为老师留作业的量是按照做题较快孩子的程度留的，可能因为孩子这个学科是弱项，做题速度本来就慢，还有可能是孩子对这个学科有一种本能的抗拒，还有可能是因为孩子只是想进行一下情感的宣泄，你的理解对他的情绪非常重要。

儿子在高中三年里，可以说在不间断地抱怨作业多的问题。每次我都会劝解他，作业多对每个学生都一样，你可以从以下几个方面解决：

（1）选择性地做一些题目，只做你认为最重要和最有用的作业，其他的作业先放弃。爸爸妈妈可以去和老师谈没完成作业的事。

（2）做一部分作业，其余的作业把答案抄上（也就是通常说的抄作业），以应付老师的检查。

（3）看看你的学习时间和计划是否有调整的空间，把更多的时间用在学习上。你可以参考一下别的同学的情况，再根据自己的情况做出选择。

每次孩子抱怨的时候，我不指责，不批评，给他自己处理的方式和途径。通过这样的方式，我虽然没有解决作业多的问题，却有效地宣泄了他的不良情绪，使他一直信任我，有事情也愿意和我交流。其实孩子作业的问题客观上有这样几个原因：

（1）学校老师留的作业确实多，别的孩子利用上课时间、课间时间做作业。可我的儿子上课的时候从来不做作业，而是专心听课。这是好事，家长应该全力支持。

（2）有的孩子为了完成作业经常学习到很晚，而我的儿子为了第二天的听课效果，不愿意去熬夜做作业。

（3）孩子不愿意为了应付老师检查去抄作业。好在老师也很理解孩子，没有因为作业没完成而批评他。理解孩子，使孩子觉得你和他是一伙的，有事他就愿意和你商量，如果你一味地指责，就会把他推到你的对立面去。

当然，孩子的教育绝不是一朝一夕的事，不能指望你今天理解孩子了，孩子就会和你平等地交流。应该说只有我们一如既往地平等对待孩子，真正设身处地地看待孩子的行为，才能达到理解的效果。

3. 平等

说到平等，实际上是家长与孩子间的关系最难达到的。小的时候，孩子是弱势，父母是强势，等孩子长大了，父母又变成了弱势，孩子变成了强势。所以在教育孩子的过程当中，父母要学会平等地与孩子交流和沟通。

到了高中阶段，孩子已经开始形成自己独立的人格，家长更应该把自己置于与孩子平等的地位上，不要总以为自己的阅历比较多，看待问题比较长远，对待事物比较理性，就要求孩子按家长的心意去生活。实际上，我们的很多经验、阅历并不见得对孩子未来的发展有利，甚至会误导孩子。比如，我们经历的年代，很多事情是托人情、找关系来做的，所以我们自然与人交往的时候功利性的东西就多一些。而实际上，风清气正的社会风气正在形成，很多事情就是公开透明的，只要我们按规则进行就可以了，不需要我们托人情，找关系。所以孩子一身正气的行为不是我们所说的"傻"，恰恰是一种非常难能可贵的品质。

儿子在高中阶段，与我在生活、学习当中的争论很多，小到谁是当今最好的足球运动员，中国国家队怎么样，大到将来他要干什么，他想要怎样的生活，当前他以怎样的态度进行学习，这些都会引起我们的争论。这些争论其实并没有对错之分，可我们也经常因为意见的不统一而面红耳赤，因此我需要及时叫停，不再争论这些话题。但这丝毫没有影响我们的感情，恰恰是这种争论让我们能够更加平等地表达自己的观点，并尊重对方的观点。在有些事情上，我们的论据并不充分。比如，儿子总是说梅西是当今最好的球员，为此他举了好多经典的比赛，罗列梅西的各种优异表现和对球队的贡献，对此我哑口无言。在这方面，我确实不了解那么多事情。在学习当中，儿子明确表示，其实他是不愿意学习的，但也清楚不学习肯定是不行的，而且一定要学好。我认同他的观点，在当前的教育体制和社会评价机制下，学习并参加高考是走向成功的捷径。为了将来的成功，我们必须在当下奋斗。

　　这种平等的交流，实际上使孩子更清楚地认识自己，认识社会，面对现实，着眼未来。同时，平等的交流会使孩子更愿意和家长沟通。而在当前的亲子关系当中，还有什么是比孩子愿意与家长沟通更重要的事情呢？

4. 自由

　　在自由方面，其实我们家长做得并不好。什么是自由？对于孩子来说，不单单是家长不阻止他做一些事情，自由往往体现在很多方面。比如，让孩子独立做一些事，通过自己的努力来完成，不看结果看过程；让孩子有自己独立的观点，用自己的观点来决定自己的行为和举止；让孩子拥有金钱的支配权，做什么事或者买什么东西；让孩子确定自己的理想与目标等等。

　　自由对于每个人都是非常重要的，也是孩子走向独立、走向成熟的一个重要因素。失去了自由，孩子没有自己的主见，人云亦云，就会显得很幼稚。孩子没有独立的消费观念，对金钱的观念就会出现偏差，要么没有赚钱的愿望，做啃老族或对工作的动力不足，要么过分追求金钱，做金钱的奴隶。孩子没有自己的观点，在将来的生活当中就会缺乏独当一面的勇气和魄力，缺少领导能力。

　　那么如何给予孩子自由呢？根据孩子的不同年龄阶段和身心发展特点，家长可以逐步放手让孩子独立自主地做一些事情。比如，在孩子小的时候，我们可以尝试让孩子独立拼装一个简单的玩具，在稍大一些之后，可以让孩子独自去超市买东西，自主地选择购买什么食品，把过年的压岁钱交给他进行支配，家长只要起到监管的作用即可。对于孩子日常生活、学习，自己理想之类的观点，家长不要一味地进行指导和批评，也不要直接引导，让他们自己去实践和思考，逐步完善或修正自己的想法。这种孩子自己想做的事，在实际执行的时候才能有更好的效果。反之，在家长的高压、强迫或者诱导之下，被迫屈服的孩子，在学习生活中就会更多地出现磨洋工，出工不出力的现象。

我们观察发现，教师家的子女，特别是小学教师的孩子，出现家长口中的"懒、不立事、幼稚"的现象相对要多一些。这主要是因为小学教师把职业习惯移植到了自己孩子的身上。俗话说，穷人的孩子早当家，其实让孩子早一点独立对孩子是件非常重要的事情。在家庭教育中，爷爷奶奶、妈妈经常会过分地呵护、管理孩子，美其名曰关心孩子。所以作为父亲，我们更应该在这方面起到更大的作用，经常和孩子进行男人间的对话，男人的较量，男人之间的交往。这会让孩子更深刻地感觉到我长大了，我是小男子汉，我应该有更大的担当，我应该保护我的家庭等意识，这无疑对培养孩子的责任意识有重要的作用。

5. 引领

家长应该如何对待成绩？

在中国教育中，孩子的成绩是永远绕不过去一个话题。当今的教育体制可能有很多的弊端和问题，但对于现阶段的中国，中考、高考对一个孩子的评价虽然说不上最公正，至少是相对公平的。虽然不能全面评价孩子各方面的素质和要求，但能够在一定程度上区分一个孩子的意志品质、学习习惯、思维特点、学习能力。

然而家长应该如何看待孩子的成绩呢？首先，成绩只代表过去，并不代表将来，所以通过成绩对孩子过分苛责是于事无补的。其次，在对孩子的教育中，责备远远比不上引导。

儿子从小学到高中，经历了无数次的考试，特别是在高中阶段。每次考试，尤其是大型考试，学校都会召开家长会，我们家也会举行小型家庭会议。在家庭会议当中，我们会对比孩子近几次的成绩，并与其他同学的成绩对比。在对比当中，我们可以找到哪几科发挥正常，哪几科发挥失常，发挥失常的科目成绩差的原因分别是什么？是本身自己的弱科，还是本次考试的题目不适合自己的答题思路？对于自己的弱势学科，我们主要的问题是什么？是有知识方面的问题没有弄明白，还是自己在这一学科的学习方面做的题少？如果有知识方面的问题，我们是自己弄明白，还是找一位老师帮忙指点一下？如果是自己练习得比较少的话，那应该采取什么样的方式才能多做一些题？这些问题往往都是我们在讨论过程中，孩子自己分析出来的，我们只是适当地引导，并强调我们父母可以为你做什么。最后，我们还会问孩子，按你正常水平发挥的话，你应该是什么样的成绩？什么样的位次？整个家庭会议会在讨论中度过，没有争吵和指责，更多的是真心对孩子前一段时间的学习进行总结，对好的方面给予肯定，不尽人意的方面则想办法解决。儿子每次都会对未来的考试充满信心，我们常常会畅想每次大概前进多少名，到高考的时候可以达到多少分，离清华大学还有多少距离。虽然并不是每次考试都按我们预想的前进多少名，孩子的成绩是有波动的，但我们从不会表现出丧气的表情，我们相信儿子是最棒的，一定能够冲出去，考取自己梦想中的清华大学。

即使在高三的下学期，他的成绩经常考到年级的 50 名左右，我们私下里也在考虑除清华以外的上海交通大学、浙江大学、南京大学等第二梯队的学校，但我们从不在孩子面前表现出对他考取清华的担忧。儿子也总是信心满满地给我们算每科都能得多少分，最后总分能上清华。相信这样轻松的考试前后的氛围，能给儿子莫大的安慰和鼓励。

（二）父亲的教育原则

1. 高位的教育

作为家里的男性，父亲在处理问题、看待社会、着眼未来等方面要比妈妈更理性、更客观，因此在家庭教育的角色分工当中，父亲可以比较少地参与到孩子教育的琐事方面，更多的应该是从高站位来引导孩子。所以孩子一般在幼儿和儿童时期和妈妈关系好，特别听妈妈的话，对爸爸则显得比较疏远，但随着孩子的成长，到了初高中阶段，父亲与孩子的关系就变得日益密切，孩子崇拜爸爸的比例开始大幅提升。究其原因，孩子到了独立人格形成的阶段，爸爸的睿智、冷静、客观的形象成为了孩子模仿的对象，而爸爸在这个时期要常常参与到孩子的各种运动当中。由于孩子的身体发育还不如成年的，在力量、敏捷度、平衡性、运动技巧与智慧方面都是爸爸占优势，再加上孩子小时候对爸爸往往比较尊敬，自然就成为了孩子崇拜和模仿的人。在这种情况下，作为父亲，一定要利用这一契机对孩子进行教育，这种教育应该是一针见血，高瞻远瞩的，能够给孩子振聋发聩的效果，而且往往在孩子即将形成不好的习惯、观念的时候起到警醒的作用。

（1）一致的教育

通常，三代同堂的孩子比较难教育，这是因为爷爷奶奶、妈妈爸爸组成了教育的两个团体，有各自的教育方式，一方面把两种教育方式同时施加到孩子身上，孩子会无所适从，不知所措，另一方面，两种教育方式的冲突，彼此又很难妥协，两个团体的教育效果叠加，反而变成了零甚至是负数。所以家庭教育的成功，应该是众人合力的结果。在教育界，我们经常说家庭、学校、社会形成教育合力，提倡家校合作。5+2的教育是最有效果的，如果家校相互矛盾，就会形成5+2=0的教育效果。妈妈在教育孩子，爷爷奶奶替孩子隐瞒、求情，爸爸在里面搅乱，可想而知，效果会怎样。我家也是三代同堂，为了避免以上问题的出现，我和爱人与爷爷奶奶约法三章，当我们教育孩子的时候，老人必须回避，当我和爱人有教育方面的矛盾时，我们会在晚上进行沟通，拿出一致的教育方法。在我的家里，经常是我和爱人教育孩子，爷爷奶奶一句话也不说，甚至躲到自己的房间里。当他们发现孩子的问题时，通常也会先和我们沟通，然后再一起教育孩子。

（2）直白的教育

作为男性，我们在家庭当中，往往表现为话很少，琐事做的也很少。那么在家庭教育的过程中，我们就应该利用自己的特点进行教育。比如，在孩子成长中遇到问题的时候，爸爸就应该直截了当地指出这件事情的对错和原因，让孩子清晰地知道自己应该怎样做，这个时候就不应该再考虑什么引导方式了。记得小时候，有一次孩子与爷爷说话很不礼貌，我当时就把孩子叫到房间里，非常严肃地告诉他，我们应该以什么样的态度对待长辈，为什么要尊重老人，你刚才做的事是一种什么样的行为，应该向爷爷道歉。这种直白的教育一方面能够让孩子清楚地知道什么是对什么是错，另一方面也是给他一个深刻的印象，让他知道类似的问题不应该再次出现。

（3）包容的教育

听起来，孩子的教育好像是我们不断修正孩子的过程，其实并不是这样的。在孩子的成长过程中，会出现很多好的或不好的事情，家长们不要觉得不好的事情就一定会影响孩子的成长，都要加以纠正。恰恰相反，允许孩子犯错，让他们不断地尝试是孩子顺利成长的必要环节。面对孩子的错误，我们作为家长，特别是父亲，更应该有一颗包容心。试想一下我们小时候，对吸烟、喝酒不也存在着强烈的好奇心吗？我小时候有一次趁着父亲不在家，偷偷点着了一根香烟，不料恰好被回家的爸爸看见了，爸爸什么也没说，事情就这样出人意料地过去了。在我尝了烟的味道以后，再也不愿意尝试第二次了。试想一下，如果我的父亲暴跳如雷，拳脚相加，恰恰可能会让处于叛逆期的我多次尝试甚至染上烟瘾。男孩子在成长过程中，总会有一些不断冒险的行为出现，只要孩子的危险在可控的范围之内，大可让孩子去淘气，去折腾，作为父亲，我们在旁边笑看即可。请相信，以宽容之心进行教育会收获宽容大气的孩子。

2．我们一直在幸福的路上……

每个孩子的成长之路，每个家庭的教育之路都是有瑕疵的，但我们可以慢慢地成长。在孩子的成长过程中，我们也在经历成长，我们一起憧憬未来！不要总觉得自己是家长就不用学习，这是完全不对的，孩子需要学习，家长也需要学习，我们还可能拥有另一种人生！

每名家长的成长之路，也不尽相同，都是坎坎坷坷的。从初识高中，到对高中有整体认知，无论是对于孩子生活的变化，还是孩子学习的变化，心理的变化，家长都要有个过渡过程，学会让孩子长大，同时学会改变自己，让自己尽快适应孩子高中的步伐，成为孩子人生的助力者！

  每名学生的成长之路，都是五味杂陈的。初识高中时，要明白自己需要什么，应该做什么，并尽快过渡。毕竟高中三年很短暂，仅仅有 20 多次的考试，学生们要学会适应，学会改变自己。当你真正调整过来的时候，离高考冲刺的时间就不太远了，所以不要总觉得时间还来得及。对于任何人而言，时间永远不会等你，只有抢占先机，你才有更多的机会在人生的路上走得比别人精彩！

  一路成长，一路辉煌！

幸福后记

有一种爱渐行渐远、历久弥香

2017年8月28日。

有一种爱渐行渐远，瞬间让你泪流满面；有一种爱历久弥香，需要岁月慢慢地沉淀！

坐在离京的火车上，我知道，这是一份需要沉淀的情感，这是一份持续了18年一直没有改变的情感，我尝试改变，我尝试沉淀。

有太多人不理解我去送儿子，但我的内心坚持让我去送。看着他的忙碌，看着他的开心，看着他的努力与汗水，仿佛让他长在自己的眼中，仿佛让他长在自己的心里……

我知道，孩子长大了！18岁，这是应该独立的年龄，儿子也渴望独立；我也知道，他应该有自己的生活，可这种转变是需要时间的。

我是做教育的人，我知道，我懂教育，我也知道，什么时候应该让儿子做什么，可我更知道，我现在还可以这样近距离地跟着他，而在不远的将来，和儿子的每一次长谈都将是比较奢侈的事情。儿子总爱开玩笑，让我抓住青春的小尾巴，可我又何尝不想抓住内心的那份多年不曾离开的爱啊！

我知道自己应该做什么。

我回来了，我要努力工作、努力学习、健康生活！我现在能做的是活出自己，让儿子放心，这就是父母应该再一次能够全身心投入的事情吧？

体会空巢……

有人说，这是回归二人世界……

大学生活将是人生又一段开始，人在天涯，心在咫尺！祝福永远！

2018年12月24日完稿